유럽의 AI 활용과 규제

인공지능총서

인공지능 시대입니다. 기계가 인간의 인지를 대신하고, 사물이 인간을 통하지 않고 다른 사물과 직접 커뮤니케이션합니다. 이에 따른 인간 삶과 문명 변화를 정확히 이해·예측·대응하는 것은 이 시대 우리 모두의 과제입니다. 인공지능총서는 인공지능 기술과 환경의 여러 주제를 10가지 키워드로 정리합니다. 관련 개념과 이론, 학계와 산업계의 쟁점, 우리 일상의 변화를 다룹니다. 인간과 기술의 현재, 미래를 세심히 분석합니다.

일러두기

- 인명, 작품명, 저서명, 개념어 등은 한글과 함께 괄호 안에 해당 국가의 원어를 병기했습니다.
- 외래어 표기는 현행 어문규정의 외래어표기법을 따랐습니다.
- 이 연구는 대한민국 교육부와 한국연구재단의 연구 지원을 받아 (NRF-2022S1A5C2A02091292) 수행되었습니다.

처음이세요?

전문가세요?

지금, 큐알 찍으면

🎁 AI 입문서 바로 선물

📚 당신만의 필독서 추천

📖 500권 요약본 공짜

🎧 오디오북 무료 사용

유럽의 AI 활용과 규제

김봉철

대한민국, 서울, 커뮤니케이션북스, 2025

유럽의 AI 활용과 규제

지은이 김봉철
펴낸이 박영률

초판 1쇄 펴낸날 2025년 4월 28일

커뮤니케이션북스(주)
출판 등록 2007년 8월 17일 제313-2007-000166호
02880 서울시 성북구 성북로 5-11
전화(02) 7474 001, 팩스(02) 736 5047
commbooks@commbooks.com
www.commbooks.com

ISBN 979-11-430-0051-4 03500

책값은 뒤표지에 표시되어 있습니다.

차례

유럽의 AI 활용과 규율

인공지능(Artificial Intelligence, AI) 기술을 비롯하여 지능화 기술의 성장이 빠르게 진행되고 있다. 전례 없는 속도로 AI 기술의 발전과 활용이 확대되면서 그 영향력 또한 증가하고 있다. 많은 국가의 정부와 기업이 AI 기술을 개발하고자 하며 이를 활용하여 새로운 시대에 대비하려고 한다. 그러나 이들은 AI가 낳을 수 있는 여러 사회 문제를 예견하고 있으며 이를 예방하고 대응해야 하는 과제도 안고 있다. 한편 AI와 관련된 문제는 국가들의 협력과 경쟁의 장으로 옮겨지고 있다. 여러 국가는 기술 우위를 점하기 위해 경쟁하고 있으며, 동시에 이로 인한 사회 문제를 해결하기 위해서 제도적 장치를 마련하고 협력도 모색하고 있기 때문이다. 이와 같이 AI에 관련된 담론은 최근 계속해서 확대되고 있으며 당분간 가장 중요한 경제, 사회, 안보 요소로 여겨질 것이다.

국제 사회의 주요 국가들은 경제와 안보 측면에서 AI 기술에 주목하고 있다. AI 기술이 자국 산업을 보호하는데 핵심 요소로 부상하면서 이를 위한 규제 정책이 증가하고 있다. 이러한 상황에 적절하게 대응하지 못하면 다른 국가에 비해서 산업의 경쟁력과 성장이 저해될 가능성이 크다(한국지능정보사회진흥원, 2023). 안보 측면에서도 AI는 미래 전쟁의 주요 기술로 예상된다. 미국은 급격한 기술 혁신으로 안보 환경이 복잡해지는 현재 상황에서 압도적 지위를 유지하기 위해서 AI 활용이 필수적이라고 언급하였으며(Walch, 2021), 중국도 국방 백서에서 미래에는 AI 전쟁의 시대가 올 것이라고 예상하였다(차정미, 2021). 유럽 역시 NATO(North Atlantic Treaty Organization, 북대서양 조약 기구)를 중심으로 AI 기술의 안보적 활용에 주목하여 투자를 진행하고 있다. 이처럼 주요 국가들은 다양한 영역에서 AI 기술에 주목하고 있으며 국가 내에서 AI 관련 투자와 다양한 혁신을 위한 지원을 확대하고 있다.

2021년 유럽 연합(European Union, EU)은 세계 최초로 AI를 규제하려는 인공지능법(EU AI법) 초안을 발표하였는데 이 내용은 여러 논의를 거쳐 최종적으로 2024년 AI 규제법으로 확정되었다. EU는 AI 기술의 개발과 경제적 활용에만 주목한 것이 아니라 실생활에서 AI의 안전한 사용에 초점을 맞추어 이를 규율하고자 했다. 이것은 AI를 규제하기 위한 규범을 마련한 최초의 사례였으며, AI에 관련된 국제 담론에서 EU가 새로운 역할을 제시한 것으로 평가된다. 많은 국가가 법안 내용에 주목하면서 EU는 국제 사회에서 영향력이 있는 규범 창조자 또는 규범 권력(Normative Power)으로서 위치를 다시 강화하였다.

실제로 최근 일상생활에서 AI 활용이 일반화되고 있다는 점을 고려할 때, 이러한 AI 규제법의 국제적인 도입이 요구된다. AI 관련 기술 발전과 함께 의도치 않은 사회 문제가 다수 발생할 수 있기 때문이다. 따라서 AI 규제에 관한 최초의 규범적 시도인 EU의 AI법을 중심으로 이와 관련된 규제와 규범 내용을 확인하는 것은 이 분야의 발전을 위한 시작점이 될 것이다. 결국 AI에 대한 규제는 곧바로 기술 개발과 활용 등 AI 전반에 관련되는 것이므로 EU의 AI 관련 정책과 실천 활동에도 주목할 필요가 있다.

한편 AI의 올바른 규율을 위한 국가들의 협력은 필수적이며 한국도 이러한 국제적 논의에 적극적으로 참여해야 한다. 최근 한국도 AI 기본법을 제정하며 실질적인 AI 규제를 시작하였다. 이외에도 정부는 AI 관련 국가 전략을 발표하면서 국내 AI 기술의 개발과 활용에 많은 투자를 장려하고 있다. AI와 관련된 국제적 논의가 활발한 상황에서 한국은 EU 다음으로 AI 규제법과 정책을 마련한 국가다. 따라서 한국은 주요 국가들과 마찬가지로 여러 국제적 협력을 적극적으로 시도할 수 있고, 그렇게 해야 한다. 특히 한국과 EU가 규제 측면에서 유사한 입장을 공유하고 있는 만큼 유럽의 AI 관련 정책과 활동을 점검하고 이를 바탕으로 양측의 협력점을 모색하는 노력이 필요하다.

참고문헌

차정미(2021). 미래전쟁과 군사-기술의 연대: 인공지능의 군사화와 민군융합. ≪국제전략(Foresight)≫, 1～24쪽.

한국지능정보사회진흥원(2023). 『인공지능(AI) 국제협력 현황 및 특징 분석』. IT & Future Strategy.

Walch, K(2021). Rigging For AI: How The US Navy Embraces Digital And Masters AI With Brett Vaughan, Chief AI Officer And AI Portfolio Manager At The Office Of Naval Research. ≪Forbes≫, https://www.forbes.com/sites/cognitiveworld/2021/08/07/rigging-for-ai-how-the-us-navy-embraces-digital-and-masters-ai/?sh=4c349d57abb3

01
AI로 인한 유럽의 변화

AI 기술의 개발과 확대로 디지털 영역이 새로운 시장으로 등장하였다. 그러나 AI 기술을 이용한 새로운 형태의 범죄가 발생할 위험성이 나타나면서 기술의 활용과 제한 사이에서 여러 논의가 전개되고 있다. 유럽은 디지털 시장에서 주요한 시장으로 여겨지고 있으며, 이와 관련해 여러 역내 규제를 진행하고 있다. 따라서 AI 기술 활용으로 인한 유럽의 변화를 포괄적으로 논의할 필요가 있다.

AI와 1인 창업?

AI와 유럽 경제의 변화

이른바 제4차 산업 혁명으로 일컬어지는 최근 상황에서 많은 국가들이 AI 기술로 인한 여러 사회 변화에 주목하고 있다. 특히 가장 주목받고 있는 분야는 단연 경제 영역이라고 할 수 있다. 전문가들은 기계 학습(Machine Learning)과 딥러닝(Deep Learning) 등으로 대표되는 AI 기술이 노동 비용을 절감시키면서도 생산성을 높일 것이라고 기대하고, 동시에 디지털 시장이 성장하며 새로운 경제 영역을 창출할 수도 있다고 주목한다. 일부 전문가는 AI 기술이 2030년까지 세계 전체의 생산량을 약 13조 달러에 달하는 16% 정도 증가시킬 것으로 예상하였다(Bughin, J., et al., 2018).

세계적인 빅테크(Big Tech) 기업들이 이러한 상황을 인지하여 AI 기술 및 관련 시스템에 대한 투자를 늘리고 있어 투자 규모는 2020년 600억 달러였는데 비해 2025년에는 두 배 이상 증가할 것으로 예상된다(Cameron, F., et al, 2021). 세계적으로 AI 시장이 확대되고 있는 상황에서 AI 시장 투자는 대부분 민간 영역에서 진행되며 미국과 중국이 경쟁에서 선두를 차지하고 있다. AI 기술은 이제 기업 성장은 물론 국가 경제 운영에 매우 중요한 요소로 여겨지고 있다.

유럽 국가들도 AI 시장의 성장에 주목하고 있다. EU와 영국은 2023년 AI 시장에 약 90억 유로에 이르는 민간 투자를 유치하였는데(Stanford University, 2024), 2018년부터 2023년까지 EU를 포함한 유럽 공동경제시장의 역내 AI 관련 기업에 투자된 금액은 약 325억 유로에 달했다. EU는 민간 투자에 더하여 공공 투자도 확대하며 2021년부터 2027년까지 총 21억 유로에 이르는 투자 계획인 디지털 유럽 프로그램(EU Digital Europe programme)을 도입하였다(European Parliament, 2024). EU는 디지털 경제가 고용 문제를 해결하고 경제 성장을 이뤄 낼 수 있는 새로운 시장을 창출할 것으로 믿는다. EU는 이를 구현하기 위해서 디지털 경제로 전환하기 위한 투자 전략을 강력하게 진행하고 있으며 역내 기업들의 성장을 통해 민간 투자의 확대 또한 달성하고자 한다.

그러나 유럽의 디지털 시장은 미국과 중국에 비해 뒤지고 있는 것이 현실이다. 시장 규모를 고려하면 디지털 시장에서 유럽의 장악력은 낮은 편이다. 미국의 주요 빅테크 기업들이 유럽의 디지털 시장을 상당 부분 차지하면서 유럽 역내 기업 경쟁력은 약화되고 있는 상황이다. EU는 이와 같이 유럽의 디지털 경쟁력이 떨어지는 원인을 디지털 시장이 회원국별로 나뉘어져 있기 때문이라고 분석하였다(한국지능정보사회진흥원 AI · 미래전략센터, 2020).

이러한 현상은 디지털 시장과 AI 기술의 경제적 활용이 주목받으면서 국가마다 서로 다른 법령을 제정하고 적용한 결과다. 이러한 상황이 지속되면서 유럽 단일 시장의 이점이 크게 제한되었고, 디지털 시장도 통합되지 못하여 성장이 저해되었다는 것이다. EU는 이러한 문제를 해결하기 위해서 유럽 디지털 단일 시장(Digital Single Market) 개념을 도입하고, 디지털 경제 관련 정책을 새롭게 형성하는 등 총력을 다하고 있다. 특히 EU는 AI 기술을 기반으로 성장하는 역내 디지털 경제를 활성화하기 위해서 여러 사회적, 정책적 노력을 꾸준히 진행하고 있다.

유럽 사회의 변화와 국제적 영향

AI 기술 혁신은 곧바로 사회 전반의 변화로 이어지고 있다. 경제적 측면에서 AI 기술 활용은 노동 시장에서 생산성을 높이고 관련 분야의 일자리 수요를 증가시킬 것으로 기대되고 있다(이상엽 · 이동규, 2020). 한편 일상생활에서도 손쉽게 활용할 수 있는 AI 기술 개발이 확대되면서 생활 편의성이 증대될 것이라는 예상도 주목받고 있다. 다양한 측면에서 AI 기술의 파급력이 기대되는 상황이다. 그러나 기술 오남용으로 인한 사생활 침해, 편향된 데이터로 인한 잘못된 정보 확산 등 관련된 사회적 문제가 나타날 것이라는 의견이 제시됐고, 이에 적절하게 대응해야 하는 정책의 필요성도 증가하고 있다. 이는 전 세계적인 문제로서 국가들은 AI 기술의 개발과 규제 사이에서 사회 변화에 직면하고 있다.

이러한 사회 변화에 대비하기 위해서는 AI 기술 규제를 위한 정책적 틀을 형성하는 것이 중요하다. EU는 일찍부터 AI 기술의 윤리적 활용에 관련된 측면에 주목하였다. 디지털 기술 발전으로 편의성과 생산성이 높아지기는 하였지만 동시에 새로운 윤리적, 법적 문제도 발생하고 있기 때문이다. 유럽의 가치를 규범화하는 것을 강조하는 EU는 이러한 문제에 주목하여 기술의 윤리적 활용과 규제의 필요성을 강조하였다. AI 기술을 개발하고 활용하는 규율 기준으로 EU가 제시한 '신뢰할 수 있는 AI(trustworthy AI)' 개념은 유럽 역내의 AI 활용에 관한 윤리적 기준점이 되었다(European Parliament, 2019). 이후 EU는 세계 최초로 AI법을 제정하면서 AI 규제에 관한 중요한 역할을 하고 있다. 기술 개발이 사회 변화로 이어지므로 EU는 이러한 상황을 인식하여 정책적 대응을 진행하는 것이다.

AI로 인한 사회 변화는 국제 사회의 논의로도 이어진다. 또한 국제적 논의가 치열해지고 있는 상황에서 국가들은 각국의 환경을 바탕으로 입지를 확보하기 위해 노력하고 있다. 기술 우위를 바탕으로 패권을 차지하고, AI에 관련된 국제적 논의에서 주요 행위자로 활동하려는 국가 간 경쟁이 심해지는 것이다. 이를 위해 여러 국가의 정부는 국내 기업의 기술 개발을 장려하고 경제 활동을 지원하는 등 적극적인 정책적 활동을 수행하기도 한다.

EU는 이러한 상황에서 관련 규범을 마련하여 국제 사회의 AI 담론에서 주도적인 역할을 하고자 한다. 기술 개발과 활용이 증가할수록 윤리적 기준을 제시하는 과정이 필수적인데 EU는 AI 문제들에 관심을 두고 이를 해결하기 위해서 '권리 기반 접근'을 통해서 AI 및 디지털 경제 영역의 규범을 구축하려고 노력하고 있다(박주희, 2024). EU가 국제 사회에서 기존 규범 권력으로서 활동하고 있는 상황에서 앞으로 AI에 대한 규제와 지원을 위한 규범 강화와 정책 활동이 더욱 기대된다.

참고문헌

박주희(2024). 인공지능 시대 국가안보 목적 개인정보 이전 제한의 디지털경제 규범 쟁점 검토. ≪국제법학회논총≫, 35-75쪽.

이상엽·이동규(2020). 인공지능(AI)의 경제적 영향과 향후 정책방향에 대한 시사점: 조세 및 사회보장제도를 중심으로. ≪조세연구≫, 61-88쪽.

한국지능정보사회진흥원 AI·미래전략센터(2020). 『IT & Future Strategy 2020』. 한국정보사회진흥원.

Bughin, J., et al.(2018). Notes From The AI Frontier: Modeling the Impact of AI on the World Economy(Discussion paper). Mckinsey Global Institute.

Cameron, F., et al.(2021). Strengthening international cooperation on AI. ≪Brookings≫, https://www.brookings.edu/research/strengthening-international-cooperation-on-ai/

European Parliament(2019). EU guidelines on ethics in arfiticial intelligence: Context and implemantation. European Parliamentary Research Service, https://www.europarl.europa.eu/RegData/etudes/BRIE/2019/640163/EPRS_BRI(2019)640163_EN.pdf

European Parliament(2024). AI investment: EU and global indicators. European Parliamentary Research Service, https://www.europarl.europa.eu/RegData/etudes/ATAG/2024/760392/EPRS_ATA(2024)760392_EN.pdf

Stanford University(2024). Artificial Intelligence Index Report 2024, https://aiindex.stanford.edu/wp-content/uploads/2024/04/HAI_2024_AI-Index-Report.pdf

02
디지털 영역에서의 브뤼셀 효과

EU에서 생성된 규범이 전 세계적으로 확산되는 현상을 브뤼셀 효과(Brussels Effect)라고 부른다. 개인 정보 보호 규정(GDPR) 사례를 통해서 AI를 비롯한 디지털 시장에서 EU 규범의 역할과 파급력을 알아본다.

AI와 MBTI?

브뤼셀 효과

브뤼셀 효과는 미국의 법학자 아누 브래드퍼드(Anu Bradford)가 처음 제시한 개념으로 EU의 규제 기준이 여러 국가로 전파되어 결국은 국제 사회의 공통적인 표준으로 굳어지는 현상을 말한다(Bradford, 2020). 브래드퍼드는 이전부터 EU를 '국제적 규제 패권국(global regulatory hegemon)' 혹은 '선의의 패권국(benevolent hegemon)'으로 규정하면서 브뤼셀 효과에 주목하였다(Bradford, 2012). EU가 설정하는 규제 기준은 전 세계적으로 영향력을 발휘하고 있으며, 시장뿐만 아니라 다양한 영역의 규제에서도 작용하고 있다. 환경, 소비자 안전, 개인 정보에 대한 보호 및 공정한 경쟁이나 혐오 발언에 대한 규제를 비롯하여 EU의 여러 규제 기준이 기술 분야까지로 확대되면서 브뤼셀 효과 이론은 더욱 주목받고 있다.

기본적으로 브뤼셀 효과는 EU의 거대한 소비 시장을 기반으로 형성된다. EU는 세계 2위 규모의 단일 유럽 공동 시장을 형성하고 있으므로 다국적 기업들이 유럽 역내 시장에 진출하여 수익을 올리기 위해서는 필수적으로 EU의 규제 기준을 따라야 한다. 이와 같이 다국적 기업이 준수하게 되는 EU의 기준은 세계적인 기준으로 굳

어질 가능성이 높다. 이 부분은 브뤼셀 효과가 다른 강제적 규제 확산과 구별되는 지점으로서 자발적인 동의와 수용은 브뤼셀 효과의 주요한 특징으로 여겨진다(Dawson, 2021). 막대한 시장 규모에서 비롯되는 경제력을 기반으로 형성된 EU의 규제가 직접적인 법적 강제 없이도 다른 국가로 자연스럽게 확대되고 영향을 미친다는 점에서 브뤼셀 효과의 중요성이 드러난다는 의견도 있다(이하얀, 2024).

브뤼셀 효과는 국제 사회에서 규범 권력으로서 EU의 역할을 설명하는 중요한 역할을 한다. '규범적 권력' 또는 '규범 권력'은 국제 사회에서 한 행위자가 다른 행위자들을 위해 무엇이 규범이 될 수 있는지를 재정의하여 그들의 행위 패턴을 바꿀 수 있는 능력을 말한다(Manners, 2002). 이러한 측면에서 EU는 중요한 규범 권력을 행사하고 있다고 볼 수 있다. 브래드퍼드는 EU의 규제 방식이 세계적으로 전파되는 것을 '사실상(de facto)' 브뤼셀 효과라고 지칭하였다(Bradford, 2021).

최근에는 이러한 주장에 그치지 않고, EU의 규범이 외국에서 공식적인 기준으로 선정되는 등 실질적으로 '법적인(de jure)' 브뤼셀 효과로 확대되고 있다고 보는 의견도 있다(오창룡, 2023). 규범 권력으로서 EU의 영향력이 법적 영역으로도 확대되면서 EU가 규율하는 내용과 역할을 파악하는 일이 필요해졌다.

한편 EU는 규제와 정책을 수립하는 과정에서 친기업적인 자유 경쟁보다는 국가 개입주의 전통을 따르는 경우가 많다(Bradford, 2020). 특히 EU는 시장에서 불법행위 발생이 확대되는 것을 방지하기 위해서 엄격한 규제 표준을 만드는 일에 집중하였고, 이는 사회 규제 영역으로도 꾸준히 확대되고 있다. 이러한 규제의 주요한 특징은 중앙 정부가 예방 정책 형태로 규제를 만들고 동시에 행정 규제를 강조하는 것이 되고 있다.

앞서 언급하였듯이 규범 권력으로서 EU의 역할이 중요해지면서 이러한 규제들 또한 주요 국가의 공식 표준으로 채택되는 경우가 많다. EU는 디지털 시장의 규율에서도 엄격한 규정을 만들고 있는데, 기본적으로 이러한 규정은 역내 시장에 진출하려는 기업에 적용된다. 그러나 디지털 시장에서 적용되는 EU의 규범이 브뤼셀 효과를 내고 국제 사회에서 공통 규범으로 확대되면 디지털 관련 EU 규범의 파급력도 주목받게 될 것이다.

개인 정보 보호 규정(GDPR)

'EU의 운영에 관한 조약(Treaty on the Functioning of

the European Union)' 제16조와 'EU 기본 헌장(Charter of Fundamental Rights of the European Union) 제8조는 EU 회원국의 개인 정보 보호에 관련된 기본적인 사항을 규정하였다. 이를 구현하기 위해서 과거 1995년 제정된 EU 개인 정보 보호 지침(Directive)이 이러한 규율 기준을 제공하였다. 그러나 유럽 사회에서 활용되는 새로운 기술이 개발되면서 회원국마다 기준이 달라 이에 대한 새로운 통합적 규제가 요구되었다(오태현 · 강민지, 2018).

이러한 상황에 따라서 EU는 2016년 5월 새로운 개인 정보 보호 규정(General Data Protection Regulation, GDPR)을 제정하여 기존 1995년 지침을 대체하였다. 이것은 EU가 역내 단일 디지털 시장을 운영하는 과정에서 개인 정보 보호의 중요성이 강조되고 새로운 기술이 출현하는 상황에 보다 직접적이고 적극적인 규범으로 대응한 결과다.

EU의 GDPR는 정보 주체의 권리를 강화하고, 개인 정보를 취급하는 기업들이 준수해야 할 엄격한 기준과 의무를 부과하였다. 이 규정은 수집할 수 있는 개인 정보의 내용과 양, 목적, 저장 기한을 제시하고, 정보 삭제와 관련된 내용도 명시하였다. 또한 정보 사회가 발전함에 따라 새로운 논의가 진행되면서, 이전에는 없던 삭제권(잊힐 권리)과 개인 정보 이전권에 관한 내용도 이 규정에 추가되었다. 한편으로는 정보 주체의 권리가 확대되고 정보를 관리해야 하는 기업 책임이 강화되면서 규정에 따른 벌금의 규모도 확대되었다. GDPR는 유럽 시장에서 활동하는 모든 기업에 적용된다.

GDPR는 2018년 도입된 이후 디지털 시장에서 개인 정보를 다루는 주체들이 반드시 살펴야 할 기본적인 규범이 되었다. EU의 데이터 시장 가치는 계속해서 증가하고 있으며, 디지털 영역에서 소비 시장 규모 또한 상당하기 때문이다. 이 규정은 가장 엄격한 형태의 개인 정보 규제를 위한 법적 근거이고, 기업은 자체적인 내부 규정을 이 기준에 맞추어 보완하면서 GDPR의 영향력이 확대되고 있다. 세계 주요 국가들도 GDPR에 주목하고 있는데 국내법을 보완하거나 제정하는 과정에서 GDPR 내용을 중요한 기준으로 활용할 수 있기 때문이다. GDPR 제정 사례를 통해서 디지털 영역에서 EU 규범의 브뤼셀 효과가 어떻게 나타나고 있는지 확인할 수 있다.

디지털 영역에서 EU 규범의 브뤼셀 효과

GDPR는 유럽 역내 시장에 적용되기도 하지만 EU 시민의 개인 정보가 역외로 이전되는 과정에서도 적용된다. 따라서 유럽 역내 시장과 외부 시장을 넘나드는 다국적 기업은 자체적인 정보 처리 기준을 이 규정에서 만든 기준을 중심으로 보완했다. 특히 유럽의 시장 규모를 고려한 다국적 디지털 기업은 GDPR 내용에 합치하는 범위에서 기업의 개인 정보 관리에 관한 기준을 만들었다. 이러한 EU 공통 규정에 대하여 기업에서도 27개 개별 회원국이 아닌 EU 당국과 협의를 거치면 된다는 점에서 효율적인 비즈니스가 가능하다는 긍정적인 평가도 있었다 (European Commission, 2023).

이후 세계 주요 국가들도 GDPR에 제시된 기준을 고려하여 자국의 개인 정보 보호법을 제·개정하였다. 원칙적으로 EU 역내의 개인 정보를 역외로 이전하기 위해서는 당국의 승인을 받아야 한다. 그러나 국가 차원에서 적정성 논의를 완료하면 EU는 승인 절차를 면제시킬 수 있다. 이에 따라 일본은 2018년, 한국은 2021년에 EU와 개인 정보 보호에 관한 적정성 논의(adequacy decision)를 하였다. 유럽 시장에서 활동하는 자국 기업 보호를 위해서는 적정성 논의와 같은 협상이 필수적이며 일본과 한국은 이러한 목적으로 GDPR 기준에 따라서 적정성 논의를 수행하고 국내법을 보완하거나 개정한 것이다.

중국도 사이버 보안법을 개정하면서 GDPR에 준하는 기준을 국내법으로 수용하였으며, 미국에서도 이전보다 더욱 엄격한 개인 정보 보호 규정을 마련해야 한다는 의견이 많아지고 있다(Bradford, 2020).

EU 규범의 영향력은 규제 전략 측면에서도 확대되고 있다. 시장 규제를 넘어서 사회, 환경 등 일상 영역에까지 유럽형 규제가 적용되면서 EU가 규범 권력으로서 기능하는 것이다. EU의 규제를 따라야 하는 다국적 기업을 중심으로 이러한 상황이 유럽 외부로도 확대되고 있다. 결국 국제 사회에 적용되는 규제 표준으로 EU의 규범과 그에 따른 기준이 작동하는 셈이다.

이러한 맥락에서 보면 브뤼셀 효과는 최근 큰 관심을 받는 디지털 영역으로 확대될 수밖에 없는데 GDPR 사례로도 이를 확인할 수 있다. 이와 같이 EU는 디지털 시장 운영을 위한 규범을 마련하여 활용하고 있으며 2024년에는 최초로 AI법을 제정하였다. 앞으로도 디지털 시장에서 EU의 규범과 규제가 갖는 영향력과 중요성이 더욱 확대될 것이라고 예상할 수 있다.

참고문헌

오창룡(2023). 국제질서 전환기의 브뤼셀 효과(Brussels Effect):

유럽연합 규제 권력의 패권적 영향. ≪EU연구≫, 159~190쪽.
오태현·강민지(2018). EU 개인정보보호법(GDPR) 발효: 평가 및 대응방안. ≪오늘의 세계경제≫, 1~18쪽.
이하얀(2024). 브뤼셀 효과와 플라스틱 규제의 글로벌 확산: 네트워크 분석을 통한 규제 전파 경로 분석. ≪한국과 세계≫, 987~1012.
Bradford, A.(2012). The Brussels Effect. *Northwestern University Law Review, 1*, 1–68.
Bradford, A.(2020). *The Brussels Effect: How the European Union Rules the World.* Oxford: Oxford University Press.
Bradford, A.(2021). The European Union in a globalised world: the Brussels effect. *Revue europ enne du droit, 2.*
Dawson, T.(2021). Waste Management in the Circular Economy: A European Perspective. *European Environmental Review. 3*, 14–22.
European Commission(2023). Legal framework of EU data protection, https://commission.europa.eu/law/law-topic/data-protection/legal-framework-eu-data-protection_en#authorities-and-bodies
Manners, I.(2002). Normative Power Europe: a Contradiction in Terms?. *Journal of Common Market Studies, 2,* 235–258.

03
AI 시대, EU의 디지털 경제

디지털 사회로의 전환을 강조하고 있는 유럽은 역내 디지털 시장의 확장과 지원에도 관심을 두고 있다. EU는 AI 기술 활용에도 주목하고 있다. 유럽 디지털 시장 현황과 발달 분야, 산업, 시장 규모 변화 등에 관한 논의를 기반으로 AI 시대에 EU의 디지털 경제에 관한 최근 추이를 살펴볼 수 있다.

AI와 난임 극복?

디지털 경제의 부상

디지털 경제는 국제 경제의 상당한 부분을 차지하고 있으며 앞으로 영향력이 더욱 확대될 것으로 예상된다. 특히 전 세계적인 코로나 바이러스(COVID-19)의 확산으로 사람들의 활동 영역이 온라인 중심으로 재편되면서 전자 상거래가 급격하게 활발해지고 디지털 시장이 성장하였다. 디지털 경제는 이제 일상생활에 필요한 기본적인 시장 영역으로 편입된 것이다. 이러한 변화에 대응하여 사회도 디지털 기반으로 전환하고 있으며 국가 정책과 제도 변화가 필요한 상황이다(European Central Bank, 2020). 따라서 주요 국가들은 디지털 경제의 부상으로 발생할 수 있는 여러 문제에 대응하고, 동시에 국제사회에서 선도적인 지위를 확보하고자 노력하고 있다.

2020년을 기준으로 디지털 시장 규모는 G7 국가의 국내 총생산 규모와 유사한 정도가 되었다. 이에 더하여 데이터, 초연결성, 소프트웨어의 효과적 공급 등 디지털 환경을 조성하기 위한 과정은 이제 노동력이나 전기 공급처럼 많은 산업 분야에서 필수 요소로 평가된다(World Economic Forum, 2020). 최근 AI, 빅데이터(Big Data) 등 디지털 기술이 발전을 거듭하며 다양한 경제 영역으로 연결되고 있다. 주요 국가들은 디지털 경제 무역

(trade in the digital economy)을 포섭하고자 정책과 제도를 구축하면서 규범 범위를 디지털 무역으로도 확대하고 있다(박주희, 2024). 디지털 시장은 계속해서 영향력을 넓혀 가고 있으며 국가들은 다양한 방식으로 이에 대응하고 있다.

EU 역시 디지털 경제의 부상에 대응하기 위해 여러 노력을 하였다. 여러 산업 분야에서 디지털 전환 정책을 추진하면서 기술의 발전과 변화를 위한 여러 정책과 제도를 만들고 규범 분야에서 수용하여 유럽의 가치를 보호하는 시도를 하였다(최성경, 2022). 예를 들어 EU는 디지털 단일 시장(Digital Single Market) 형성을 위한 논의를 일찍부터 시작하는 등 유럽 시장의 규모와 가치를 보호하는 정책을 실행하였다.

디지털 전환이라는 사회 변화가 지속되는 상황에서 COVID-19 확산은 유럽 시민의 삶은 물론 산업 구조까지 변화시켰다. 이에 대응하기 위한 EU의 디지털 전환 정책은 이전보다 더욱 다급하고 빠르게 진행되었는데(이소희 · 김호, 2022) 이제 EU가 추구하는 디지털 단일 시장은 유럽 디지털 경제의 중요한 무대가 되는 동시에 AI 기술 진전에도 중요한 기반으로 작용한다.

유럽 디지털 단일 시장

2010년 EU는 중장기 성장 전략인 '유럽 2020(Europe 2020)'을 발표하였다. 지속 가능한 경제 성장을 위한 이 전략에는 디지털 어젠다(Digital Agenda for Europe)가 포함되어 있다. 이를 바탕으로 2015년 5월 EU 집행위원회가 디지털 단일 시장 전략(Digital Single Market Strategy for Europe)을 제시하였다. 이것은 역내 디지털 시장을 활성화하기 위한 정책의 종합판으로서 통일된 디지털 규범과 발전 전략을 채택하여 디지털 경제 활동의 벽을 제거하고 통합된 시장을 형성하겠다는 것이 주요 목표였다(European Commission, 2015). 이를 달성하기 위해서 EU는 온라인 시장 접근 개선, 디지털 네트워크 및 서비스 기반 조성, 디지털 경제의 성장 잠재력 극대화라는 3가지 축을 설정하였다.

이 전략에서 제시한 디지털 단일 시장 개념은 '상품, 사람, 서비스, 자본의 자유로운 이동이 보장되며, 개인과 기업이 국적과 거주지에 관계없이 공정한 경쟁과 높은 수준의 소비자 및 개인 정보 보호라는 조건에서 제한 없이 온라인 활동에 접근하고 이를 수행할 수 있는 시장'을 의미한다. EU는 디지털 시장에서 전자 상거래뿐만 아니라 디지털 콘텐츠, 데이터와 연계할 수 있는 모든 서비스 및 산업, 전자 정부까지 포괄하여 다루고자 하였다. 한편 EU는 디지털 시장 확대는 곧바로 새로운 정책 과제 등장으로 연결된다는 점을 고려하여 디지털 단일 시장 형태의 공동 대응 전략을 시행하였다(김정곤 외, 2015). 세계 경제가 빠르게 디지털화됨에 따라서 국가들의 빠른 대응이 필수적이었다. EU는 단일 시장 확대를 위해 회원국과의 여러 협의 및 논의를 진행하였다.

EU는 이미 역내 단일 시장 형태로서 높은 수준의 경제적 통합을 달성한 상황이었다. 따라서 이를 기반으로 디지털 단일 시장을 구축하겠다는 계획이 제시되었다. 또한 디지털 시장은 물리적 장벽이 없어 제도적 장벽만 극복하면 되기 때문에 파급 효과가 더욱 막대하다. 따라서 EU는 차세대 성장을 위한 주요 영역으로 평가되는 디지털 시장을 경제 분야 외에도 문화 산업 등 다양한 분야의 발전과도 연계하려고 하였다. 한편 EU는 디지털 단일 시장을 토대로 마련된 개인 정보 보호 규정(GDPR)을 강조하며 정책적 입지도 강화할 수 있었다(노명환, 2023). GDPR는 통합된 디지털 시장을 통해서 얻을 수 있는 경제적 이익과 함께 나타날 위험성을 제거하고 인권 보호라는 유럽의 가치를 규범화한 것이었다. 이에 더하여 EU는 역내 디지털 시장과 서비스의 접근성을 높이고 기반을 마련하는 주요 전략을 구축하여 외부의 거대 플랫폼 기업을 견제하고자 하였다.

유럽의 디지털 단일 시장 구축은 AI 기술 활용에서도 이어지고 있다. 2024년 7월 EU 집행위원장 우르줄라 폰 데어 라이엔(Ursula von der Leyen)의 연임이 확정되면서 EU는 2024~2029년 정책 의제(Political Guidelines)를 발표하였다. 이 문서는 향후 5년간의 정책 방향성을 제시하는 중요한 것으로서 역내 디지털 시장을 중요하게 취급하고 있다(European Commission, 2024). 이 정책 의제에서 가장 많은 분량을 차지한 경제 분야에서는 단일 시장의 심화가 언급되었다.

EU는 이 정책 문서에서 특히 디지털 분야에서 단일 시장 완성도를 제고하고 중소기업의 성장을 지원하여 유럽 기업의 경쟁력을 강화하고자 한다고 주장하였다. 또한 유럽 디지털 시장에 적용되는 법을 강화하여 역내 시장의 성장을 도모하고, 전자 상거래 활용도를 높이는 디지털 전환 내용도 여기에 포함되었다. EU는 최근 AI 분야에서 경쟁력을 강화하기 위해서 디지털 기술 개발, 생산성 증대 및 AI 활용 등 기술 개발에 대한 여러 지원 정책을 준비하고 있는데 이것이 성공하여 역내 단일 디지털 시장을 기반으로 한 경제 성장이 가능하다고 기대한다(장영욱 외, 2024).

참고문헌

김정곤 외(2015). EU 디지털 단일시장 전략의 중 내용과 시사점. ≪KIEP 오늘의 세계경제≫, 1~18쪽.

노명환(2023). 디지털 단일시장의 파급효과와 유럽의 인권 보호의 융합 관점에서 보는 유럽연합의 일반개인정보보호규정. ≪역사문화연구≫, 367~410쪽.

박주희(2024). 인공지능 시대 국가안보 목적 개인정보 이전 제한의 디지털경제 규범 쟁점 검토. ≪국제법학회논총≫, 35~75쪽.

이소희·김호(2022). 디지털 유로 도입과 의의-유럽 디지털 단일시장과 유로화 통화 주권에 대한 기여를 중심으로. ≪EU연구≫, 247~272쪽.

장영욱 외(2024). 2024~29 EU 집행위원회 정책 의제의 주요 내용과 시사점. ≪KIEP 세계경제 포커스≫, 1~18쪽.

최성경(2022). EU디지털지침의 독일채권법으로의 포섭과 그 입법론적 시사점. ≪외법논집≫, 1~27쪽.

European Central Bank(2020). Beyond monetary policy – protecting the continuity and safety of payments during the corona virus crisis, https://www.ecb.europa.eu/press/blog/date/2020/html/ecb.blog200428~328d7ca065.en.html

European Commission(2015). Communication from the Commission to the European Parliament, the Council, the European Economic and Social Committee and the Committee of the Regions: A Digital Single Market Strategy for Europe, https://eur-lex.europa.eu/legal-content/EN/TXT/?uri=cel

ex:52015DC0192

European Commission(2024). *Europe's Choice. Political Guidelines for the Next European Commission 2024~29.* European Commission.

World Economic Forum(2020). *Data Free Flow with Trust(DFFT): Paths towards Free and Trusted Data Flows.* World Economic Forum.

04
EU의 디지털 시장 관련 법체계

EU는 역내 디지털 시장의 효율적인 운영을 위해 여러 규제 규범을 운영하고 있다. 이러한 목적으로 제정된 디지털 서비스법(DSA)과 디지털 시장법(DMA) 등은 유럽 디지털 시장에서 투명성과 공정 경쟁을 보장하고 디지털 시장 활성화를 위한 법적 논의를 확대하는 기초가 된다.

AI와 사주?

EU의 디지털 시장 규제 논의

디지털 시장에서 온라인 플랫폼 규제와 관련된 논의는 최근 국제 사회에서 중요한 문제가 되었다. 거대 플랫폼의 시장 지배와 이로 인한 불공정 거래 행위 사례가 발생하자 디지털 시장 규제를 원하는 목소리가 높아졌다. 주요 빅테크 기업들이 압도적인 시장 지배력을 바탕으로 소비자의 후생과 효율성을 증진시키는 상황에서도 플랫폼 시장에서 승자 독식 현상이 나타나며 오히려 혁신을 저해한다는 주장이 제기되었다(최난설헌, 2022). 이에 더하여 온라인 플랫폼에서 개인 정보 보호와 불법 콘텐츠 관리 등 여러 문제가 지적되고 있다.

국가들은 디지털 시장을 얼마나, 그리고 어떻게 규제할 것인지에 관하여 입장 차이를 보이는데 이와 관련된 규제 도입 자체를 두고도 여러 논의가 있었다. EU는 디지털 시장 규제와 관련하여 가장 적극적이라고 평가되고, 그 시작은 2017년 6월 구글(Google) 쇼핑 사건이라 할 수 있다. EU 집행위원회는 경쟁사에 비해 자사의 비교 쇼핑 서비스를 우대하는 방식을 통해서 경쟁을 제한했다는 이유로 구글에 24.2억 유로의 과징금을 부과하였다. 자사의 시장 지배력을 남용하여 경쟁사의 사이트가 검색 결과에서 불리하게 노출되도록 했다는 점이 이

사건의 위법한 사유로 지적되었다.

이와 같이 EU는 경쟁법 위반을 이유로 이러한 자사 우대 사건들에 대응하여 온라인 플랫폼 사업자의 시장 지배적 지위 남용 행위에 대해 규제를 강화하는 움직임을 보인다(강지원, 2019). 또한 EU는 최근에 디지털 시장에 특화된 더욱 구체적인 법적 기준을 마련하기 위해서 노력하고 있으며, 2019년 온라인 플랫폼 공정성 및 투명성 증진을 위한 규칙을 제정하여 유럽 디지털 시장 규제에 적극적인 태도를 고수하고 있다.

디지털 서비스법과 디지털 시장법

2020년 12월 15일 EU 집행위원회는 디지털 서비스법(DSA, Digital Services Act)과 디지털 시장법(DMA, Digital Markets Act)을 발표하였다. EU는 디지털 서비스법 패키지(The Digital Services Act Package)라는 이름으로 두 법을 제시하면서 유럽 디지털 단일 시장 실현을 위한 구체적인 규제안을 마련했다(Montagnani, 2019). 이미 EU는 2016년 공개 의견 수렴을 통해 투명성 부족, 개인 정보 보호, 디지털 플랫폼에서 기업과 소비자 사이의 불공정 관행 등의 문제가 존재함을 강조하였다(European Commission, 2016). 따라서 디지털 서비스법 패키지를 통해 이러한 문제를 해결하고 플랫폼 경제를 운영하는 데 자체적인 규제 체계를 새롭게 마련하고자 하였다. 또한 EU의 노력은 규제 권력을 바탕으로 외부로부터 디지털 주권(digital sovereignty)을 확보하겠다는 활동으로도 평가된다(Echikson, 2024).

디지털 서비스법과 디지털 시장법은 EU 전역에 적용되는 내용으로서 2가지 주요 목표를 제시하였다. 하나는 디지털 서비스를 활용하는 소비자의 기본 권리를 더 안전하게 보호하는 것이며, 다른 하나는 유럽 단일 시장과 세계 시장 모두에서 혁신, 성장, 경쟁력을 강화하여 공평한 경쟁의 장을 마련하는 것이다(European Commission, 2021). 디지털 서비스는 새로운 시장으로 떠오르고 있지만 거대 온라인 플랫폼 기업에 의해 사실상 장악되고 있다는 평이 지배적이다. 따라서 EU는 이에 대응하고자 온라인 플랫폼의 의무를 규정하고 공정한 시장 경쟁을 구현하고자 규제 법안을 시행하고 있다.

디지털 서비스법은 불법 콘텐츠 제한과 투명성 강화를 위한 온라인 플랫폼 의무를 규정한다. 디지털 플랫폼은 정보를 중개하는 회사로서 해당 플랫폼에서 공유되는 정보에 대한 의무와 책임을 부담해야 한다. 규제 정책의 일환으로서 불법 정보가 플랫폼에 유통됨에도 적절한 조처를 하지 않는 기업에 대해서는 법적인 책임이 부과된다(이권일, 2024). 이 법은 예방적인 규범으로서 디지털 플랫폼의 투명성 강화를 위해서 콘텐츠 조정, 광고 시스템에 대한 정보를 제공하도록 의무화하였다. 특히 대규모 플랫폼을 대상으로 오용을 방지하기 위한 내용을 담고 있다. 디지털 서비스법은 디지털 플랫폼의 예측 가능성과 신뢰성을 높이는 역할을 할 것으로 기대된다(이한영 외, 2021).

한편 디지털 시장법은 거대 온라인 플랫폼 규제에 더욱 초점을 두고 있다. 시장 영향력, 시장 지배적인 위치, 그리고 중요한 관문으로 작용하는지를 기준으로 하여 '게이트키퍼(gatekeeper)'가 지정된다. 디지털 시장법은 게이트키퍼 기업들에만 한정적으로 적용되며 이들을 규제하여 디지털 시장에서 공정한 경쟁을 보장하는 것을 목표로 한다. 게이트키퍼는 이전부터 많은 논란이 되던 제3자 서비스에 대한 상호 운용 개방, 데이터 공유와 이동성, 자사 서비스 우대 금지 등의 다양한 의무를 부담한다(이황, 2024). 이와 함께 사후 규제 형태이던 기존 EU 경쟁법 체계와 달리 이 법은 사전 규제 형식을 갖추며 강력한 규제 권한을 명시하였다(양지원, 2024). 이를 통해서 유럽 디지털 시장에서 미국계 글로벌 기업들의 영향력을 제한하여 역내 중소 사업자들을 보호할 수 있는 기반을 마련할 수 있게 되었다. 결국 디지털 시장법은 사실상 반독점 규제 정책에 대한 법적 근거를 제공하여 게이트키퍼의 불공정 행위를 제한하고 미국 중심 디지털 시장을 견제하는 역할을 한다.

이상의 디지털 시장 규제 정책과 관련된 규범은 유럽 단일 시장 전체를 대상으로 다양한 영역의 온라인 플랫폼 규제에 적용된다. 디지털 서비스법은 온라인상 불법 콘텐츠를 제한하기 위한 절차를 설정하며 디지털 시장법은 게이트키퍼에 해당하는 주요 기업들의 시장 지배를 방지하여 공정한 시장을 구성하는 것을 목표로 한다(최요섭, 2022). 온라인 플랫폼의 효율적 규제를 목표로 하는 이상의 법안들은 EU가 디지털 시장에서 발생할 수 있는 위험을 방지하기 위한 정책으로 해석된다. 디지털 서비스법은 대규모 게이트키퍼 기업들은 물론 모든 온라인 플랫폼에 적용되는 만큼 EU의 규제 정책이 가져올 파급 효과에 관심이 집중되고 있다.

참고문헌

강지원(2019). EU 집행위원회의 구글 AdSense 사건의 논점: 구글 쇼핑 사건과의 비교를 중심으로. ≪경쟁저널≫, 90~99쪽.

양지원(2024). EU 온라인플랫폼 규제-디지털시장법(DMA)의 주요 내용과 쟁점-. ≪유럽연구≫, 49~80쪽.
이권일(2024). 독일에서의 규제 논의의 현황과 과제-독일 네트워크법(NetzDG)과 EU 디지털서비스법(DSA)을 중심으로-. ≪공법학연구≫, 3~30쪽.
이한영 외(2021). 『디지털 플랫폼에 관한 최근 EU의 규제개편 및 우리나라의 통상친화적 제도 개선 방향』. 대외경제정책연구원.
이황(2024). 주요 국가들의 온라인 플랫폼 등 빅테크 대상 규제동향과 시사점. ≪통상법률≫, 48~90쪽.
최난설헌(2022). EU 디지털 시장법의 함의와 경쟁법의 역할, ≪선진상사법률연구≫, 67~94쪽.
최요섭(2022). The Ditital Constitutionalism of the EU: The Digital Services Act and Its Implications for Korea. ≪EU연구≫, 415~447쪽.
Echikson, B.(2024). Demystifying Europe's Digital Markets Act, https://cepa.org/article/demystifying-europes-digital-markets-act/
European Commission(2016). Synopsis report on the public consultation on the regulation environment for platforms, online intermediaries and the collaborative economy, https://digital-strategy.ec.europa.eu/en/library/results-public-consultation-regulatory-environment-platforms-online-intermediaries-data-and-cloud
European Commission(2021). The Digital Services Act Package, https://digital-strategy.ec.europa.eu/en/policies/digital-services-act-package
Montagnani, M.(2019). A New Liability Regime for Illegal Content in the Digital Single Market Strategy, https://papers.ssrn.com/sol3/papers.cfm?abstract_id=3398160

05
신뢰할 수 있는 AI 개념

EU는 AI 기술 활용에 신뢰할 수 있는 AI 개념을 강조한다. 이 개념은 EU가 AI에 관한 규제를 논의하는 과정에서 추구해야 하는 방향성을 보여 주었는데 AI법이 제정되면서 규제 기준으로 도입되었다.

AI와 아이돌?

AI의 윤리적 활용

AI 기술을 경제적으로 활용하는 사례가 증가하면서 동시에 이 기술의 윤리적인 활용을 규율하자는 논의도 많아졌다. 최근 다양한 AI 서비스가 대중화되면서 인종 차별, 성차별적인 발언을 학습해 그대로 반복하거나 자율주행 차량의 기술적 문제로 인해 충돌이 발생하는 등 실제적인 문제가 이어지고 있기 때문이다(유재흥, 2021). 따라서 주요 국가의 정부는 AI 기술에 대한 효율성과 함께 윤리성 또는 합법성을 반영하기 위한 노력을 시작하였다.

AI는 방대한 양의 데이터를 학습해 결과를 도출한다. 이 과정에서 차별적이거나 잘못된 정보를 학습한 AI에 의해 잘못된 정보(misinformation)와 거짓된 정보(disinformation)를 제공할 수 있다는 문제가 제기된다. AI가 결과를 도출하는 과정을 확인할 수 없다는 점도 문제가 될 수 있다. 사용자가 자신이 입력한 데이터는 알 수 있지만 AI가 값을 도출하는 과정은 확인할 수 없는 특성을 '블랙박스 모델(Blackbox Model) 현상'이라고 부른다(박희운, 2024). 과정의 불투명성으로 인하여 AI가 도출해 낸 결과에 대한 신뢰 문제가 발생하는 것이다.

따라서 최근에는 AI의 윤리적 활용을 위한 정부와 기

업, 나아가 국제 사회의 대응이 이어지고 있다. 미국, 영국 등 주요 국가들은 AI의 윤리적 활용을 위한 가이드라인을 발표하였으며 한국도 AI 윤리 기준을 마련하여 세부 계획 등을 논의하였다. 국내외 주요 IT 기업들도 자체적인 관련 원칙을 제정하는 등 AI의 윤리적 활용을 위한 대응이 다각도로 지속되고 있다. OECD 각료 회의는 2019년 OECD AI 원칙(OECD Artificial Intelligence Principles)을 제정하며 신뢰할 수 있는 AI를 위한 회원국 정부들이 공유할 표준을 제시한 바 있다(OECD, 2019). OECD는 2024년에 이 활동을 기반으로 회원국이 AI 정책에서 우선해야 할 과제를 도출하기도 하였다. 앞으로도 AI의 신뢰성을 확보하면서 기술을 보완하기 위한 정책적 논의가 계속되어야 한다.

신뢰할 수 있는 AI를 위한 EU의 정책

EU는 2018년 유럽 AI 위원회(European AI Council)와 AI 고위 전문가 그룹(AI-HLEG, High Level Expert Groups on AI)을 구성하여 본격적인 AI 전략을 구축하기 시작하였다. 2019년에는 AI 기술의 윤리적 활용을 위한 '신뢰할 수 있는 AI 윤리 가이드라인(Ethics Guidelines for Trustworhy AI)'을 발표하여 세계 최초로

표 5-1. 신뢰할 수 있는 AI 윤리 가이드라인 내용

신뢰할 수 있는 AI의 요소	- 적법성(lawful) - 윤리성(ethical) - 견고성(robust)
필수 사항	- 인간의 선택과 감독 (Human agency and oversight) - 기술적 견고성과 안전성 (Technical Robustness and safety) - 개인 정보와 데이터 거버넌스 (Privacy and data governance) - 투명성(Transparency) - 다양성, 차별 금지, 공정성(Diversity, nondiscrimination and fairness) - 사회적 및 환경적 웰빙 (Societal and environmental wellbeing) - 책임성(Accountability)

출처: 유재흥·추형석·강송희(2021). 『유럽(EU)의 인공지능 윤리 정책 현황과 시사점: 원칙에서 실천으로』. 7~10, 소프트웨어 정책연구소

국제기구 차원에서 기준을 만들었다. AI 및 관련 시스템에 관한 정의를 기반으로 신뢰할 수 있는 AI의 요소, 필수 사항, 이를 위한 방안 등이 문서에 포함되었다. 신뢰할 수 있는 AI 윤리 가이드라인은 집행위원회 논의를 토대로 AI 개념을 '특정한 목표를 달성하기 위해 환경을 분석하며 자율성을 기반으로 지능적인 행동을 하는 시스템'이라고 정의하였다(High-Level Expert Group on Artificial Intelligence, 2019). 이 개념에 의거하여 마련

된 가이드라인의 주요 내용은 표 5-1과 같다.

신뢰할 수 있는 AI에 관한 가이드라인은 유럽에서 AI 기술을 개발하고 활용하는 데 필요한 기준을 제공한다. 이에 따르면 AI는 모든 법률 규정을 준수하고 사회의 윤리적 원칙과 가치를 준수해야 한다. AI는 인간의 의사 결정을 보조하는 역할을 하도록 설계되어야 하며, 인간은 기술적 견고성을 구축하고 이를 바탕으로 시스템의 악용을 경계하여 잠재적 위험을 파악할 수 있어야 한다. 또한 AI 시스템의 투명성과 공정성이 보장되어야 하며 사회와 환경에 도움이 되어야 한다. EU는 AI의 윤리적 활용을 목표로 가이드라인을 구성하여 세부적인 지침을 제시하고자 하였다.

EU가 구축한 신뢰할 수 있는 AI에 대한 가이드라인은 윤리적 지침을 제시할 뿐이며 법적인 구속력을 갖는 것은 아니다. 그러나 이러한 시도는 관련 규범 체계를 구성하기 위한 노력이라고 평가될 수 있으며 파급력이 있다는 점에서 중요하다. EU의 노력은 유럽의 AI 전략을 구현하기 위한 근거 규범을 정립하고, 사회의 신뢰 기반을 구축하기 위한 기본 정책을 구현한 것이다(유재흥 외, 2021). EU는 신뢰할 수 있는 AI의 필수 사항들을 반영하기 위한 평가 목록도 발표하였다. 여기에는 설계에서부터 배포까지 AI 시스템 개발 전 과정에서 윤리적인 문제를 점검할 수 있도록 하는 평가 내용이 포함되어 있다(European Commission, 2020). EU의 이러한 활동들은 결과적으로 관련 규범을 형성하는 경우, 그 영향력을 유지하거나 확대하기 위한 선제적 노력으로 해석할 수 있다.

EU는 디지털 혁신에서 디지털 단일 시장 구축의 중요성을 강조하였다. 미국과 중국을 중심으로 구축되어 있는 디지털 시장에서 입지를 확대하고자 한 것이다. 이 과정에서 EU는 개인 정보 보호 규정을 도입하면서 디지털 시장에서 규범 형성을 주요 전략으로 채택하였다. EU가 신뢰할 수 있는 AI 기준을 마련하고 관련 정책들을 구현한 것은 이러한 규범화 전략의 일환으로 평가할 수 있다. 결국 EU는 AI의 개발과 활용 과정에서 인간의 존엄, 민주주의 등 유럽의 가치와 기준을 도입하고자 한 것이다(김유식, 2020). 신뢰할 수 있는 AI 윤리 기준은 이후 EU가 발표한 AI법에도 반영되어 EU는 규범 권력으로서 영향력을 바탕으로 국제 사회의 디지털 시장, AI 기술 개발에서도 입지를 강화하려는 장기적인 목표를 추구할 수 있게 되었다.

참고문헌

김유식(2020). '신뢰할 수 있는 AI'를 목표로…EU의 AI 계획, https://eiec.kdi.re.kr/publish/naraView.do?fcode=00002000040000100010&cidx=12548&sel_year=2020&sel_month=11&pp=20&pg=1

박희운(2024). 인공지능 블랙박스 모델과 예술 창의성의 상관성 연구. ≪디지털콘텐츠학회논문지≫, 1129~1138쪽.

유재흥(2021). 신뢰할 수 있는 AI 실현을 위한 국내외 정책 동향. ≪KISDI AI Outlook≫, 17~32쪽.

유재흥 외(2021). 『유럽(EU)의 인공지능 윤리 정책 현황과 시사점: 원칙에서 실천으로』, 소프트웨어정책연구소.

European Commission(2019). Ethics guidelines for trustworthy AI, https://digital-strategy.ec.europa.eu/en/library/ethics-guidelines-trustworthy-ai

European Commission(2020). Assessment List for Trustworthy Artificial Intelligence(ALTAI) for self-assessment, https://digital-strategy.ec.europa.eu/en/library/assessment-list-trustworthy-artificial-intelligence-altai-self-assessment

High-Level Expert Group on Artificial Intelligence(2019). A definition of AI: Main capabilities and scientific disciplines.

OECD(2019). AI principles, https://www.oecd.org/en/topics/ai-principles.html

06
EU AI법

2024년 3월, EU는 세계 최초로 AI 규제법을 마련하였다. AI의 활용과 규제 사이에서 논의가 활발하게 진행되고 있는 현 상황에서 EU의 법제화는 균형을 찾기 위한 첫 번째 시도라 할 수 있다. 총론적인 의미에서 EU AI법의 제정과 영향력에 주목해야 한다.

AI와 야구?

EU의 AI법 도입을 위한 논의

2021년 EU 집행위원회는 AI의 규제에 직접적으로 관련된 법안을 발표하였다. AI 기술이 상업화됨에 따라서 개인 정보 및 인권 침해 문제가 발생하자 이를 규제하여 AI의 신뢰성을 높이겠다는 것이 법안의 주요한 목적이었다. EU는 규제 측면뿐 아니라 AI 기술 개발을 지원하기 위한 계획도 함께 제시하였다. 이러한 규범적 틀은 EU가 AI 기술을 활용하는 데 필요한 전반적인 법적 기준을 마련한 것이라고 평가할 수 있다. 이 법안은 이후 유럽의회, 집행위원회, EU 이사회의 합의를 거쳐 2024년에 최종적으로 승인되었다. 최초의 AI 규제법이 유럽 전역에 적용되면서 이에 따른 규제의 수준과 범위가 전문가들에게 관심 대상이 되었고, 일부 의견은 이러한 법제화가 AI 기술 발전에 방해 요소로 작용할 가능성을 지적하였다.

EU의 AI법 제정이 주목받는 여러 이유 가운데 이 규범이 EU법의 다양한 법제화 방식 중에서 '규정(regulation)'으로 도입되었다는 점이 중요하다. EU의 법체계에서 이 법제 방식은 별도의 입법 조치 없이도 회원국 내에서 직접 적용된다. 또한 회원국들의 재량적인 해석이 원칙적으로 인정되지 않는다는 특성도 이 방식의 절대적 중요성을 보여 준다. 즉, EU가 AI법을 규정으로 도입했다는 점은 EU 회원국 전체에 통일적으로 강력한 구속력을 발휘하기 위한 노력으로 해석할 수 있는 것이다.

이전까지 국제 사회에서 AI 관련 논의는 재량에 따라 적용되는 권고 수준에서 진행되었다. 그러나 AI법이 마련되고 여러 규정이 도입되면서 EU의 인식 변화가 드러났다. EU는 자율성에 의존하는 대응으로는 AI를 규율하기 어렵다는 인식에 기초하여 이 법을 통한 명확한 규제 기준을 구축하였기 때문이다(홍석한, 2022). AI 규제에 관하여 국가들이 가장 크게 우려하는 부분은 규제로 인하여 기술 발전이 저해되어 경제적 이익이 줄어들 수 있다는 점이다. 또한 AI 기술이 계속해서 빠르게 발전하고 있으므로 그 영향을 기술 발전 속도만큼 신속하고 명확히 파악하여 규제하기 힘들다는 실질적인 문제 또한 존재한다.

그러나 EU는 이러한 여러 불확실성에도 불구하고 구체적인 규제 기준을 마련함으로써 강력하게 AI를 규제하기 위한 체계를 구축하였다. 강력한 법에 기반한 규제를 위반하면 부과되는 벌금 규정도 명확하고 엄격하게 설정하였다. 따라서 EU의 강력한 AI 규제 정책에 대응하기 위한 기업들과 국제 사회의 반응과 관심이 커지고 있다.

EU AI법

EU AI법은 전체 13개의 장(chapter)과 113개의 조항(article) 및 13개의 부속서(annex)로 구성되어 있다. 이러한 규정 내용은 비교적 규모가 크고 분량도 많은 것이라고 평가할 수 있는데 그만큼 AI 기술과 시스템에 관한 규율의 다양성과 어려움이 반영되었기 때문이다. 이 법이 추구하는 주요한 목적은 AI 시스템이 발생시킬 수 있는 해로운 영향으로부터 사용자의 건강과 안전, 민주주의, 법치주의, 환경 보호 등 기본적인 권리를 보호하는 것이다. 이러한 목적을 달성하기 위해서 이 법은 인간 중심적이고 신뢰할 수 있는 AI 도입을 목표로 한다(제1조).

EU AI법은 군사 및 안보 관련 시스템을 제외하고 유럽 역내에서 활동하는 모든 AI 서비스에 적용되며 서비스 제공자(provider)와 배포자(deployer) 모두 규율 대상에 포함된다(제2조). 따라서 유럽 시장 밖 역외 사업자가 유럽 시장으로 진입할 경우, 이 법에 따른 규제 조건을 충족해야 한다. 이 법의 목적, 범위, 관련 개념 정의 등을 명시하는 제1장에 이어서 주요 조항들은 AI법의 규제 사항들을 세부적으로 명시하였다.

AI에 대한 규제는 활용 과정에서 발생할 수 있는 위험을 예측하는 단계에서 시작된다. EU AI법은 규제를 위한 사고에 근거하여 '위험 기반 접근 방식'이라는 원칙을 설정하고 AI 시스템을 분류하였다. 즉, AI의 위험성을 단계적으로 구분하여 단계별 위험에 개별적인 규제를 시도하는 것이다. 제2장부터 제3장에 해당하는 조항들은 위험도에 따라 AI 시스템을 4단계로 구분하고, 단계별 AI 시스템에 차등적인 의무를 부과한다. 이를 위해서 해당 조항들은 각 단계의 시스템이 어떤 특성을 갖는지를 명확히 제시하고 있으며, 단계에 맞춰 데이터 공개, 평가 등 여러 의무 규정을 포함하고 있다. 이 법을 통하여 EU는 신뢰할 수 있는 AI 개념을 기본 틀로 하여 AI 기술이 갖는 개별적 위험성을 구분하고 이에 상응하는 규범을 제시하고자 한 것이다(김한균, 2022).

이외에도 EU AI법은 제4장에서 AI 시스템 특성에 따라 투명성 의무를 규정하고 있다. 제5장에서는 범용 AI 모델에 관한 내용을 총체적으로 다룬다. 범용 AI란 특정한 목적에 국한되지 않고 다양하게 활용되는 AI 시스템을 의미하며, 이 부분에서는 범용 AI에 대한 위험 관리, 저작권 문제 등을 규율하고자 한다. 이러한 범용 AI는 챗봇(Chatbot) 등 대화형 모델로 활용될 가능성이 높은 만큼 향후 이 법을 적용하는 과정에서 가장 주목받는 부분 중 하나로 평가된다.

EU AI법 제6장에서는 AI 서비스 혁신을 위한 조치를 규정하고 있다. 특히 새로운 기술이나 비즈니스 모델이 규제의 제약을 받지 않고 실험할 수 있는 환경을 제공하는 규제 샌드박스(Regulatory Sandbox)에 스타트업(Startup)과 중소기업 등이 접근할 기회를 확대하는 등 이 법은 유럽 역내 디지털 기업의 활성화를 위한 노력도 병행하도록 규정하였다. 또한 이 법의 목적이 AI의 해로움으로부터 사용자를 보호하는 것인 만큼 개인 정보 보호와 관련된 규정도 더해졌다. 기존 개인 정보 보호 규정을 저해하지 않으면서 AI를 활용하는 과정에서 필요한 개인 정보 보호를 강화하는 것이다. 이와 같이 EU AI법은 정보 주체의 권리를 강화하며 사용자의 권리 보호라는 목적 달성에 주목하고 있다고 평가할 수 있다(박노형 · 김효권, 2024).

EU AI법의 영향

EU는 기존의 개인 정보 보호를 위한 GDPR 사례처럼 AI법으로 AI 규제에 관한 국제적인 표준을 설정하겠다는 목표를 제시하였다(European Council · Council of the European Union, 2024). EU법의 다양한 법원(法源) 중에서 규정 방식으로 제정된 AI법은 우선 유럽 기업에 적용되는 것이 원칙이다. 그러나 EU는 법의 적용 범위를 확대하며 유럽 시장에서 활용되는 모든 AI 서비스를 대상으로 하였다. 즉, EU의 이전 디지털 시장 정책과 같이 역외 기업들에도 AI법의 규제 내용이 적용되는 것이다. 국제 사회에서 규범 권력으로 활동하는 EU가 '규범 외교'의 일환으로 표준을 제시하면서 EU 방식의 AI 질서를 형성하려는 발판을 마련한 것이다(윤정현 · 조은정, 2024).

EU는 이 법을 통해서 강력한 유럽 디지털 단일 시장을 구축하는 것을 원하고 있다. 2021년 최초 법안에서는 이 법의 목적으로 디지털 단일 시장 촉진을 제시하였으며, 2024년 발표된 최종안에서도 그 내용을 포함하였다. 그리하여 유럽 역내 디지털 기업의 활성화라는 EU의 이러한 목표가 유럽 역외 기업들에는 불리한 환경으로 작용할 것이라는 우려도 존재한다(양희태, 2021). EU는 최근 디지털 시장에서 국제적 규범을 형성하는 데 집중하고 있다. GDPR의 사례를 통해서 디지털 영역에서 브뤼셀 효과를 경험하였기 때문이다. EU AI법은 세계 최초로 도입된 AI 규제 규범이므로 이러한 선도적 입지를 계속 유지하기 위하여 향후 EU는 이와 같은 정책들을 계속 추진할 것이라 예상할 수 있다. 이로 인하여 세계 주요 기업들과 국가들이 이 법의 내용에 주목하고 있다.

한편 EU AI법에 대한 여러 한계점이 지적되기도 한다. 우선 AI 기술은 현재 계속해서 발전하고 있다 보니 향후 발생할 미래의 문제를 예측하기 어렵다는 한계가 존재한다. 이는 이전부터 지적되던 문제인데 EU는 이 법에서 기술 개발 지원에 관련된 조항들을 마련하면서 이러한 문제를 보완하고자 하였다. 또한 이 법은 발생할 수 있는 위험을 규제하는 데 초점을 두고 기본권 평가, 개인 정보 보호 등의 내용을 명시하면서 AI의 사회적 활용에 따른 위험성을 강조하여 우려를 최소화하고자 하였다(심소연, 2024). 규제 주체의 실효성에 대한 의문도 존재한다. 이 법 제64조 내지 제66조에 근거하여 설립된 유럽 AI 사무국(European AI Office)은 주요 관련 규제 상황을 점검하고 이행하는 역할을 한다. 그러나 AI 기술 개발과 관련된 정보는 사실상 주요 빅테크(Big Tech) 기업들이 독점하고 있으며 이러한 현실에서 정보가 불충분한 사무국이 효율적으로 관련 문제들을 규율하기 어려울 것이라는 지적이 있다(Martens, 2024).

EU의 AI 규제 정책이 과도하다는 지적과 함께 관련 기술 발전을 저해할 수 있다는 비판을 받기도 하였다. 그러나 AI 활용이 일상 영역에 가까워졌으므로 이에 대한 규제는 필수적이며 EU 또한 AI 남용 위험성에 규제의 초점을 두고 있다. 앞으로 AI 위험성과 관련된 책임 있는 인식을 바탕으로 관련 정책이 실행되어야 한다.

참고문헌

김한균(2022). 고위험 인공지능에 대한 가치지향적·위험평가기반 형사정책. ≪형사정책≫, 7∼40쪽.

박노형·김효권(2024). EU AI법 개인정보보호 관련 규정 검토. ≪사법≫, 33∼62쪽.

심소연(2024). 규제중심의 유럽연합 인공지능법(EU AI Act). ≪최신 외국입법정보≫, 1∼7쪽.

양희태(2021). 신뢰할 수 있는 인공지능을 위한 최근 주요국 대응동향 및 시사점. ≪AI Trend Watch≫, 1∼11쪽.

윤정현·조은정(2024). EU '인공지능 규제법(AI Act)' 통과의 의미와 시사점. ≪이슈브리프≫, 1∼9쪽.

홍석한(2022). 유럽연합 '인공지능법안'의 주요 내용과 시사점. ≪유럽헌법연구≫, 243∼282쪽.

Martens, B.(2024). The European Union AI Act: premature or precocious regulation?, https://www.bruegel.org/analysis/european-union-ai-act-premature-or-precocious-regulation

European Council·Council of the European Union(2024). Artificial intelligence act,

https://www.consilium.europa.eu/en/policies/artificial-int
elligence/

07
EU AI법의 위험 기반 접근 방식

EU는 AI법에서 AI 시스템이 가지는 위험성을 기준으로 4가지 범주로 분류하였으며 각 범주에 대한 규율 내용을 설정하였다. 이러한 규제는 EU의 위험 기반 접근 방식(risk based approach)에 기초하고 있는데 이 방식은 AI 규제에 관한 새로운 기준으로 주목된다.

AI와 윤동주?

위험 기반 접근 방식

EU AI법은 위험 기반 접근 방식을 규율 원칙으로 하였다. 이에 따라 이 법은 AI 시스템을 위험도에 따라서 허용 불가한 위험(Unacceptable risk), 고위험(High risk), 제한된 위험(Limited risk), 최소 위험(Minimal risk)을 지닌 AI 시스템이라는 4가지 단계로 구분하고, 각 단계에 해당하는 AI 시스템의 형태와 내용을 명확하게 규정하였다. 이러한 구분은 이 법 전체에 적용되며, 특히 AI에 대한 차등적 규제를 위한 기준으로 활용된다는 점에서 중요하다.

이 법은 이러한 AI 시스템의 위험성에 기반하여 단계별 구분을 전제로 각 범주에서 AI의 제공자와 배포자가 부담해야 할 의무도 차등적으로 명시하였다. 대체로 사회적인 규율의 필요성이 높은 고위험 단계의 AI 시스템에 부여되는 의무 사항이 저위험 단계의 AI 시스템에 부여되는 의무에 비해 다양하고 복잡하다. 결국 이 법은 AI를 규율하는 기준으로 위험 정도를 설정하고 단계적인 규제 틀을 구축한 것이라고 평가할 수 있다. 이와 같은 접근 방식은 규제 대상이 가진 위험을 평가하여 유형화하고 이에 적합한 규제를 설계 및 투입하는 사전 지향적(ex ante) 특성을 가지고 있다(양천수, 2024).

이 중에서도 규제 내용이 많은 허용 불가한 위험 시스템과 고위험 시스템에 대해서는 각각 EU AI법 제2장과 제3장에서 해당 내용을 상세하게 다루고 있다. 제한된 위험을 지닌 AI 시스템은 투명성 부족으로 인하여 문제가 발생할 위험성을 가진 경우를 의미한다. 이 단계의 위험은 투명성 위험(Transparency risk)이라는 단어로 표현되기도 한다. 이에 대해서 이 법은 신뢰 강화를 위한 정보 제공, 즉 투명성 의무를 부과한다. 또한 이 단계의 위험성을 가진 AI 시스템은 생성된 콘텐츠가 AI에 의하여 만들어졌음을 표시해야 한다. 최소 위험 AI 시스템은 자유로운 사용이 허용되는 단계로 스팸(spam) 필터 등 현재 유럽 시장에서 활용되는 AI 시스템 대부분이 이 범주에 해당한다. 최소 위험 AI에는 자발적인 보안 강화를 통해서 신뢰성을 제고하는 수준의 의무만 부여된다.

허용 불가한 위험과 고위험 AI

EU AI법 제2장은 허용 불가한, 즉 금지된 AI 시스템에 관한 규정을 다루고 있다. 이 장의 조항에 따라 허용 불가한 위험을 지닌 AI 시스템은 유럽 역내에서 사용하는 것이 금지된다. 허용 불가한 위험을 지닌 AI에 대한 이러한 금지 규정은 인간의 존엄성을 침해할 수 있는 AI에 해

표 7-1. 허용 불가한 위험 세부 내용

허용 불가한 위험	세부 내용(EU AI법 제5조)
의사 결정 저해	사람의 잠재의식 기술을 이용하거나 의도적으로 교모하게 또는 기만적 기술을 이용하여 사람의 의사 결정 능력을 손상시킬 수 있는 AI 시스템
사회적 약자 차별	나이, 신체, 사회적 또는 경제적 상황 등에 기반한 특정 그룹의 취약성 악용
소셜 스코어링 (social scoring)	인터넷상에서 개인이나 기업의 사회적 영향력을 수치화하는 등 공공 기관이 AI을 활용해 개인의 신뢰도를 평가
일상의 무분별 활용	의료 또는 안전상의 이유를 제외하고 직장이나 교육 기관에서 감정을 추론
생체 정보 불법 수집	생체 인식과 같이 AI를 활용하여 실시간으로 인종, 신념, 성적 취향, 개인 생체 정보를 수집

출처: 조은정·윤정현(2024). 『AI 규범경쟁의 서막: EU AI Act 발효(2024.8.)의 분석과 전망』. 국가안보전략연구원

당하여 인간의 자율성을 침해하거나 도구화할 수 있는 상황을 규제하는 것을 목표로 한다(전우정, 2024). 허용 불가한 위험 AI로 규제된 시스템의 내용은 표 7-1과 같다. 이러한 AI 시스템은 AI법 제5조에 따라 전면적으로 활용이 금지되는 것이 원칙이며, 다만 범죄 수사 및 테러 예방 등 안보적인 이유에 대해서는 예외적으로 허용될 수 있다.

EU AI법 제3장에 해당하는 제6조에서 제49조까지는 고위험 AI 시스템에 관련된 규정이다. 이 규정들은 AI법에서 가장 많은 분량을 차지하며 그만큼 다양하고 복잡한 규율이 이루어진다. 고위험 AI는 허용 불가능하고 금지되는 위험성을 지닌 AI와 달리 이 법이 부여하는 의무사항을 지키면 제한적으로 유럽 역내에서 사용할 수 있다. 따라서 고위험 단계의 AI 시스템에 관한 이 법 규정은 여기에 해당하는 AI의 요건을 명시하고 생산자와 제공자가 갖는 의무까지 제시한다.

이 법 부속서(Annex) 1과 3은 어느 AI 시스템이 고위험 범주에 해당하는지 판단하기 위한 요건을 명시하였다. 일반적으로 EU의 안정성 규제를 받는 AI는 고위험 AI 범주에 해당한다. 따라서 고위험 AI 범주에 해당하는지 판단하기 위해서 기존 EU의 제품 안전 규정과 연계된 제3자 적합성 평가(conformity assessment)의 필요성이 강조된다(이숙연, 2023). 또한 개인 생체 데이터, 국가 인프라, 공공 서비스 및 법 집행 등에 필요한 AI 시스템도 고위험 영역에 해당한다. 이 시스템이 유럽 역내 시장에 진입하기 위해서는 적합성 평가를 받는 것이 필수적이며 위험 관리 시스템을 구축 및 유지해야 하는 등 높은 수준의 의무 사항이 부과된다.

위험 기반 접근 방식의 의의

EU AI법은 AI 기술이 가지는 해로운 영향력으로 발생할 수 있는 여러 문제를 방지한다는 목적을 제시하였다. 이러한 목적을 달성하기 위해서는 사전에 AI 시스템이 가지는 위험성을 파악하고 대비하는 것이 중요하다. EU는 AI법에서 위험 기반 접근 방식을 구축하며 AI 규제의 새로운 패러다임을 구축했다는 평가를 받는다. 위험 기반 접근 방식은 사전 규제 형태로서 AI 시스템으로 인한 위험을 예방하고 체계적으로 관리하는 데 효과적이다 (Mökander, J., et al., 2022).

EU는 AI법을 제정하여 신뢰할 수 있는 AI 개념을 정립하면서 AI에 대한 전반적인 규제 틀을 구성하였다. EU는 이 법으로 인간의 기본권을 보장하고 유럽 사회의 가치를 유지하는 안정성과 신뢰성을 AI에 대한 위험 관리 체계의 핵심으로 구성한 것이다. 디지털 영역에서 EU의 규제 정책은 가치 중심적인 틀을 기반으로 형성되어 왔다. AI법 역시 위험도를 기준으로 하는 분류 체계를 형성하여 유럽의 가치를 반영하는 규범을 제정하였는데 이러한 모습은 유럽 외부에도 영향을 미쳐 유럽의 규범과 기준이 대외적으로도 영향을 주는 사례가 될 것이다.

참고문헌

양천수(2024). 유럽연합 인공지능법과 인공지능 규제, ≪규제법제리뷰≫, 131~172쪽.

이숙연(2023). 인공지능 관련 규범 수립의 국내외 현황과 과제. ≪법조≫, 442~488쪽.

이효진(2023). 우리 '인공지능법 제정안'의 인공지능 규율 방향에 관한 소고'-유럽연합 인공지능법(EU AI Act) 규제 비교를 중심으로. ≪법학논문집≫, 5~42쪽.

전우정(2024). EU AI Act의 위험 분류 체계와 우리나라 AI 정책에 대한 시사점. ≪정보법학≫, 169~215쪽.

European Commission(2024). AI Act, https://digital-strategy.ec.europa.eu/en/policies/regulatory-framework-ai

Mökander, J., et al.(2022). Conformity Assessments and Post-market Monitoring: A Guide to the Role of Auditing in the Proposed European AI Regulation. *Minds and Machines*, *32*, 241~269.

08

EU의 AI 기술 규제

EU는 위험 기반 접근 방식으로 범용 AI 모델, 파운데이션 모델 등의 악용 가능성을 고려하였다. 이러한 내용을 가진 기술 규제와 관련된 법적 논의를 통해서 AI법의 규제 방향성을 가늠할 수 있다.

AI와 한의학?

EU AI 규제의 특징

EU는 AI를 규율하는 제도적 틀을 국제 사회에 제공하기 위한 노력을 기울이고 있는데 이는 그러한 규율 기준이 세계 디지털 시장에서 경쟁력을 확보하는 것과 직결되기 때문이다. 앞서 살펴본 것처럼 EU의 AI 정책은 여러 사전 규제를 기반으로 한다. AI 기술이 발전하고 서비스 영역이 확대되면서 사전에 예상하지 못한 새로운 윤리적, 법적 문제가 계속해서 늘어나고 있기 때문이다. 결국 AI 기술 남용에 따른 문제를 광범위한 규율로 예방하고 해결하는 것이 EU 정책의 주요 특징이라 할 수 있다.

EU AI법은 강력한 규제를 통해서 사회 문제를 제어하고자 하는 EU의 규칙 기반 질서 확립(Rule of Law)이라는 기본 원칙이 AI 분야에도 반영된 것이다. 따라서 이 법이 AI 서비스와 관련된 다양한 행위자를 법의 적용 영역에 포함하여 EU와 회원국의 질서 확립을 위한 법적 기반을 형성하였다고 평가할 수 있다(김현정 · 김주희, 2024). 이 법이 추구하는 위험 기반 접근 방식은 발생할 수 있는 위험 정도에 차등을 두어 규제를 하고 예측 가능성과 일관성을 높이는 방식이다. 이를 통해 규칙을 설정하여 위험 수준에 따른 규제를 부과하는 것이다. EU는 이러한 규제 틀을 설정하여 기술 발전에 따른 상황 변화에 유연하게 대응하는 것까지 법과 정책의 목표로 한다.

EU AI법이 위험도에 따른 분류 외에도 제5장의 조항에서 범용 AI(General Purpose AI) 모델에 관한 규율이 언급되고 있음을 주목할 필요가 있다. 이 규정들은 대체로 범용 AI 모델에 대한 정의를 기반으로 발생할 수 있는 위험을 제시하고, 이와 관련된 서비스 제공자의 의무를 부여하는 것을 내용으로 한다. 범용 AI 모델에 대한 규제는 이전까지 적극적으로 논의되지 않던 분야이며 이 법에서 이례적으로 규정을 두고 있으므로 그 특성을 살펴보고 향후 과제를 생각해 보아야 한다.

범용 AI 모델

EU AI법에 따르면 범용 AI 모델이란 상당한 일반성을 보이며 다양한 고유 작업을 능숙하게 수행할 수 있는 AI 모델을 말한다. 이미 일상생활에 사용되어 친숙한 챗봇과 대화형 AI가 범용 AI의 대표적인 사례이며 이외에도 이미지 생성과 데이터 분석 등의 다양한 기능을 하는 AI도 여기에 포함된다. 범용 AI 모델은 광범위한 작업을 수행할 수 있으며, 직접적인 활용은 물론 다른 AI 시스템과 통합되어 다양한 목적을 수행할 수 있다(제51조).

범용 AI 모델은 다양한 데이터를 수집하고 처리하여

학습하고 훈련하는 AI 형태다. 2022년부터 챗봇 형태로 다양한 생성형 AI가 출시되면서 이를 여러 산업과 일상생활에 활용하는 사례가 증가하였다. 이에 따라 EU는 AI법 제정 과정에서 원안에는 없었던 범용 AI 모델의 규제 내용을 추가하여 2023년 6월 통과된 유럽의회 수정안에 이를 반영하였다. 범용 AI 모델은 일상 활용도가 높은 만큼 큰 영향력을 가진다. 이에 EU는 시민 사회와 학계 의견을 수렴하는 등 2025년까지 실무 강령을 확정하겠다는 계획을 발표하였다(이종서, 2024).

범용 AI 모델은 그 자체로 고위험 AI로 분류되지는 않았으나 엄격한 요구 사항이 부가된다. 교육 및 테스트, 평가 결과를 포함한 기술 문서(technical documentation)를 작성해야 하며, 다운스트림 공급자(downstream providers)가 모델의 기능과 한계를 이해하고 따를 수 있도록 필요한 정보와 문서를 제공해야 한다. 또한 유럽 AI 사무국이 제공하는 양식에 따라 학습훈련(training)에 사용된 자료에 대해 충분히 자세한 요약(sufficiently detailed summary)을 작성하고 대중에 공개해야 한다. 자료 공개에 대해서는 저작권 침해와 관련된 문제가 지적되기도 한다. 범용 AI 모델을 학습하기 위한 자료 출처를 공개하게 되면 해당 자료 저작권자의 저작권 침해 소

송으로 이어질 수 있기 때문이다(전우정, 2024). 범용 AI 모델 규제와 저작권에 대한 문제는 계속해서 지적되고 있는 부분이기도 하다. 이러한 규제 내용들은 제53조에 명시되어 있으며 범용 AI 모델 제공자에게 전면적으로 부과되는 의무다.

AI법 제55조는 시스템 위험(system risk)이 있는 범용 AI 모델에 대한 추가적인 규제 내용을 명시하였다. 학습 훈련에 사용된 누적 컴퓨팅 양을 기준으로 위험도를 평가하며 시스템 위험이 있다고 판단된 모델은 집행위원회(European Commission)에 통보되어야 한다. 이 경우에는 적대적 테스트(adversarial testing)와 함께 시스템 위험을 식별하고 이와 관련된 사고를 완화 및 해결하기 위한 시정 조치 등 추가적인 의무 사항이 부과된다.

AI법은 위험 기반 접근과 별도의 장으로 범용 AI 모델 규제에 관한 내용이 구성되어 있지만 이 또한 위험도에 따른 차등 규제를 적용한 내용이라 할 수 있다. 범용 AI 모델, 그리고 이 모델에 사용되는 파운데이션 모델은 직접적으로 고위험으로 분류되지는 않았으나 실질적으로 엄격한 규제가 적용되고 있기 때문이다. 이는 행위자의 영향력을 고려한 차등적인 의무를 적용한 사례라고 해석할 수 있다(조은정 · 윤정현, 2024). 범용 AI 모델을 제공할 경우에는 사람과 상호 작용하는 AI라는 사실을 알려야 할 의무가 있다. 이것은 EU의 디지털 규제에서 강조하는 기본권 침해 방지가 확대 적용된 사례라고도 해석할 수 있다.

EU AI법과 기술 규제에 대한 평가

EU AI법은 해당 분야에서 EU가 선도적인 위치를 차지하기 위한 노력이라고 해석된다. 국제 사회에서 제도적 표준이 될 수 있는 AI 관련 법제를 구축하는 것은 AI 기술 패권을 차지하는 것과 연결되기 때문이다(김중권, 2024). EU는 체계적인 규제를 형성하는 방식으로 AI에 관련된 국제적 위치를 선도하고자 한 것이다. 특히 EU는 AI법에서 위험 기반 접근 방식에 따른 AI 분류 체계를 형성하여 단계적으로 발생할 수 있는 위험에 따른 대응 방식을 설정하였다. 이를 위한 윤리 기준으로 신뢰할 수 있는 AI를 위한 사전 논의도 마련되었다. 이외에도 범용 AI 모델, 파운데이션 모델 등 사용 목적과 내용에 따라 위험이 발생할 수 있는 경우를 인식하고 세부적인 규제안을 마련하고 있다.

이러한 사전 규제 중심의 AI법 제정은 EU가 가지는 규범 권력의 활성화 사례이며 국제 사회에서 관련 분야의 국제 표준을 설정하려는 목표를 브뤼셀 효과 등으로 설명할 수도 있다. 그러나 이러한 EU의 규제 노력에 대해서 이것이 오히려 AI 기술 발전을 저해할 수 있다는 의견도 존재한다. 법안 논의 단계에서 일부 국가들 또한 과도한 규제라는 의견을 제시하였으며 범용 AI 모델 등에 대한 규제는 처음이므로 이에 대한 우려도 제기되고 있다.

이러한 우려에도 불구하고 EU는 AI 규제가 가지는 불명확성 속에서도 기본권 보장을 꾸준히 강조하고 있다. EU는 AI법의 주요 목표로 EU의 가치와 기본권을 보장하는 안전한 AI의 출시와 사용을 제시하였다(European Commission, 2024). EU가 이러한 규제에 더하여 안전한 AI 기술 개발을 위한 지원 프로젝트를 수행하는 만큼 EU의 AI 규제가 새로운 국제 규범으로 확대 적용되리라는 의견이 계속되고 있다.

참고문헌

김중권(2024). EU의회의 인공지능법안의 주요 내용에 관한 소고-EU집행이사회의 인공지능법안과 비교해서-. ≪공법연구≫, 257～285쪽.

김현정·김주희(2024). 생성형 인공지능(AI) 영역 내 미국과 유럽연합의 협력과 경쟁. ≪한국과 세계≫, 629～656쪽.

이종서(2024). 범용 AI 포함한 EU 인공지능법에 담긴 의미, https://www.goodkyung.com/news/articleView.html?idxno=247868

전우정(2024). EU AI Act의 위험 분류 체계와 우리나라 AI 정책에 대한 시사점. ≪정보법학≫, 169~215쪽.

조은정·윤정현(2024). 『AI 규범경쟁의 서막: EU AI Act 발효(2024.8.)의 분석과 전망』. 국가안보전략연구원.

European Commission(2024). AI Act enters into force, https://commission.europa.eu/news/ai-act-enters-force-2024-08-01_en

09
EU의 AI 기술 지원

EU는 디지털 시장 확대를 위해서 재정적, 기술적 지원에 관한 법적 근거를 마련하기도 한다. EU의 AI법은 AI 기술의 규제와 활용 사이의 균형을 모색하는 내용이다. 따라서 EU와 회원국은 AI법으로 여러 규제를 시도하는 동시에 스타트업과 중소기업의 AI 기술 발전을 지원하기 위한 법적 근거를 확보하였다.

AI와 화장품?

유럽 AI 혁신의 필요성

AI가 새로운 혁신 영역으로 떠오르면서 국제 사회에서 가장 먼저 우위를 점한 것은 미국이었다. 미국은 기술력과 디지털 시장 점유율을 바탕으로 경제, 연구 분야에서 선두가 되었다. 이후 중국이 정부 차원에서 정책적 지원과 함께 자금 지원을 결정하면서 빠르게 격차를 줄이기 시작하였다. 이러한 상황에서 EU는 AI 분야에서 미국 우위 하에 중국과 경쟁해야 하는 상황에 놓이게 되었다. 기존에 선도적인 역할을 하고 있던 미국과 정부의 적극적인 지원과 정보 활용을 통해 성장하고 있는 중국 사이에서 유럽의 성장을 모색할 방안이 필요해진 것이다.

앞서 살펴본 내용처럼 EU의 AI법은 규범 권력을 가진 글로벌 AI 리더로 도약하기 위한 기반이라고 해석할 수 있다(이현진, 2023). 유럽 AI 기술이 유럽 역내 시장 보호와 함께 경쟁력을 확보하며 신뢰할 수 있는 AI를 기반으로 윤리적 측면까지 형성하고자 한 것이다. 이러한 AI 규제의 성공적인 달성을 위해서는 AI 기술이 뒷받침되어야 한다. AI 기술은 계속해서 변화하고 있으며, 국제 사회에서 선도적 지위를 차지하기 위해서는 발달한 기술력을 갖춰야 하기 때문이다. 유럽은 AI 연구와 인재 개발 분야에서 상위를 차지하고 있었다(Castro, D., et al.,

2019). 이러한 연구 실적을 바탕으로 EU는 AI 경쟁에서 독자적인 방향성을 모색하게 되었다.

2018년 EU는 'AI 협력 계획(Coordinated Plan on Artificial Intelligence)'을 발표하며 투자 및 전략 프로그램을 시작하였다. 유럽의 경쟁력을 극대화하기 위한 전략으로 노르웨이, 스위스와 EU 회원국이 공동으로 계획에 참여하였다. AI 기술에 대한 투자를 가속화하고 회원국들이 자체적인 국가 전략을 구성하는 것을 목표로 하였다. 이 과정에서 EU의 가치와 기본권을 AI 기술 개발의 주요 방향성으로 제시하였다(European Commission, 2018). 연구 실적과 역내 스타트업 기업을 통해서 혁신을 촉진하는 동시에 소비자를 보호하는 방식을 강조한 것이다. 이러한 정책 방향성은 EU만의 방식을 구현하려는 것으로 해석할 수 있다.

이러한 기술 지원 정책은 코로나 바이러스 확산 이후 새로운 국면에 접어들었다. 유럽은 COVID-19로 위기를 겪은 후 외부에 대한 의존도를 줄이고자 기술 주권에 주목하게 되었다(Kelly, 2020.9.3). 백신 개발과 AI 등의 영역에서 공급망 구축의 어려움을 겪으며 EU에서 이를 해결하기 위한 논의가 시작된 것이다. AI 협력 계획 또한 2021년 새롭게 발표되며 COVID-19 대응과 긴밀하게 연결되어 전개될 것이라고 언급하였다(European Commission, 2024). 기술 주권에 대한 중요성을 인식한 유럽은 기술 주권, 자금 역량, 독립성, 자주성을 확보하는 디지털 정책을 확대하기 시작하였다(오연주, 2023).

유럽의 AI 육성 정책

2021년 발표된 'AI 협력 계획'은 현재 EU AI 지원 프로그램의 기반이 되고 있다. 개편된 내용에서는 2018년의 협력을 기반으로 하여 기술 역량을 더욱 강조하는 내용을 포함하고 있다. 2021년에서 2027년까지 중장기 계획으로 구성되어 있으며 클라우드(Cloud), 엣지 컴퓨팅(edge computing) 등 AI 기술과 연계되는 디지털 기술에 관한 내용도 포함하고 있다(European Commission, 2021). 또한 AI 정책 방향성을 제시하는 역할을 하며 생성형 AI에 관련된 유럽의 논의도 반영하였다. 최근 생성형 AI 활용이 증가하여 이와 관련된 규제 필요성이 대두되고 있다. EU는 AI법과 2024년 발표한 신뢰할 수 있는 AI 관련 문서에서 이를 다루고 있으며, 그 기반에 2021년 AI 협력 계획이 있음을 명시하고 있다. EU의 AI 기술 지원 정책은 슈퍼 컴퓨팅 인프라 등 프레임워크(framework)를 형성하여 기술을 지원하되 개인 정보 및

표 9-1. EU의 AI 관련 기타 육성 정책

<table>
<tr><th colspan="2">구분</th><th>주요 내용</th></tr>
<tr><td colspan="2">AI 및 신소재 등 핵심 기술 투자</td><td>-AI와 관련하여 7천만 유로, AI 기초 연구 6개 프로젝트 5천만 유로 예산 투자
-AI와 로보틱(robotic) 도입 프로젝트 목표: 산업계에 자동화되고 간단하게 작동되며 신뢰 가능한 AI 및 로보틱 기술 제공
-AI 기초 연구 프로젝트 목표: 정확성, 견고함, 인간에 의한 검증 능력 측면에서 AI 기반 시스템의 성능을 크게 향상시킬 수 있는 기술 개발</td></tr>
<tr><td rowspan="3">AI 인력 양성</td><td>유럽 AI 우수 센터 네트워크 프로그램 (European Network of AI Excellence Centres)</td><td>개별 국가를 넘어서 네트워크에 속한 연구 센터 및 산업 파트너와 협업할 수 있는 기회 제공</td></tr>
<tr><td>마리 퀴리 액션 (Marie Sklodowska Curie Actions)</td><td>호라이즌 유럽(Horizon Europe)의 일환이자 EU의 박사 및 박사 후 과정을 위한 펀딩 프로그램</td></tr>
<tr><td>유럽 연결 프로젝트(Connecting Europe Facility) AI 석사 과정</td><td>유럽 연결 프로젝트가 지원하며 EU가 지정한 주요 공공 분야와 AI를 결합한 교육 과정 제공</td></tr>
</table>

출처: 국회도서관(2023). 『초거대 AI: 한눈에 보기』. 국회도서관.

데이터 보호라는 EU의 가치를 강조하는 모습으로 운영된다. EU의 AI 육성 정책은 표 9-1과 같다.

이러한 직접적인 기술 지원 정책 외에도 EU는 유럽반

도체법(European Chips Act)을 통해 기술 경쟁력을 강화하고자 한다. 이미 EU는 반도체 생산 역량을 강화하고 공급망 안정성을 확보하기 위해서 약 430억 유로를 투자하여 2030년까지 세계 반도체 시장 점유율을 현재 두 배 수준인 20%까지 높이겠다는 목표를 내세웠다(European Commission, 2022). 이 정책은 반도체 생산에 관련된 공급망 안정화 측면과 함께 역외 기술의 의존을 완화하여 AI 등 디지털 영역에서 유럽의 경쟁력을 강화하려는 목표까지 내포하고 있다(장영욱 외, 2022). AI를 포함한 디지털 산업에서 성장을 위해서는 기술 발전을 포함해 안정적인 원자재 수급이 필수적이다. 공급망 대란을 겪은 이후 EU는 반도체법과 핵심원자재법 등을 시행하며 기술 역량 강화와 공급 안정화를 달성하고자 한다. 이러한 정책은 곧 EU의 디지털 산업 인프라 구축과 연결되며, AI 기술 발달을 위한 정책적 노력은 계속되고 있다.

참고문헌

국회도서관(2023). 『초거대 AI: 한눈에 보기』. 국회도서관.

오연주(2023). 『주요국 인공지능(AI) 전략 분석(하): 중국, EU 및 회원국, 호주, 일본, 인도를 중심으로』. 한국지능정보사회진흥원.

이현진(2023). 『2023년 인공지능 글로벌 트렌드』. 한국수출입은행 해외경제연구소.

장영욱 외(2022). 『EU의 중장기 통상전략과 한-EU 협력 방안』. 대외경제정책연구원.

Castro, D., et al.(2019). *Who is winning the AI race: China the EU or the United States?*. Center for data innovation.

European Commission(2018). *Communication from the Commission–Artificial Intelligence for Europe*(COM(2018) 237 final). European Commission, https://eur-lex.europa.eu/legal-content/EN/TXT/?uri=CELEX:52018DC0237.

European Commission(2021). *Coordinated Plan on Artificial Intelligence 2021 Review*. European Commission, https://digital-strategy.ec.europa.eu/en/library/coordinated-plan-artificial-intelligence-2021-review

European Commission(2022). *Proposal for a Regulation of the European Parliament and of the Council establishing a framework of measures for strengthening Europe's semiconductor ecosystem(Chips Act)*(COM(2022) 46 final). European Commission, https://eur-lex.europa.eu/legal-content/EN/TXT/?uri=CELEX:52022PC0046

European Commission(2024). *Coordinated Plan on Artificial Intelligence*. European Commission, https://digital-strategy.ec.europa.eu/en/policies/plan-ai

Kelly, É.(2020.9.3). Decoding Europe's new fascination with 'tech sovereignty'. Science|Business, https://sciencebusiness.net/news/decoding-europes-new-fascination-tech-sovereignty

10
EU AI법에 대한 국제 사회의 반응과 한국

EU가 세계 최초로 AI에 관한 규제법을 마련하자 주요 국가들이 이를 주목하고 있다. AI법 도입과 시행이 국제 사회에서 갖는 영향력을 바탕으로 주요 국가들의 반응을 살펴볼 필요가 있는데, 특히 한국의 관련 입법도 관심 대상이다.

종교와 AI?

주요 국가들의 AI 정책

AI 활용도가 증가하면서 이로 인한 역기능 사례가 나타나고 부정적 상황도 다양한 방식으로 확대되고 있다. 일상생활에서 발생하는 AI 오남용, AI가 생산하는 사실 왜곡이나 타인에 대한 사생활 침해, AI의 편향된 데이터 활용과 차별적 알고리즘 발생 등 여러 문제가 지적되고 있다(Rességuier & Rodrigues, 2020).

이러한 부정적 사례들을 인식한 여러 국가와 국제 사회는 AI 활용을 규제해야 한다는 공감대를 형성하고 있으며, EU를 시작으로 규제 정책에 대한 실질적인 논의가 전개되고 있다. AI 규제 정책의 핵심은 위험을 구체화하여 통제가 필요한 위험을 선별하고, 높은 위험에 대해서는 강력한 규제 조치를 시행해 관리하는 것이다(김법연, 2023). 다만 AI 활용에 대한 국가 개입에 관하여 주요 국가들은 자국의 전통과 여러 상황을 고려하여 다른 기준을 적용하게 된다. 따라서 국제 사회에는 각 국가의 현실을 반영한 다양한 AI 정책과 법이 등장하고 있다.

국제 사회에서 AI 활용을 선도하는 국가는 단연 미국이라고 할 수 있다. 미국은 2019년에 '미국의 AI 선도적 지위 유지(Maintaining American Leadership in Artificial Intelligence)에 관한 행정 명령'을 발표하였으며, 2021년

이 내용을 바탕으로 '국가 AI 계획법(National Artificial Intelligence Initiative Act of 2020)'을 제정하였다. 이후 2023년 미국 정부는 '안전, 보안 및 신뢰할 수 있는 AI의 개발과 사용(Safe, Secure, and Trustworthy Development and Use of Artificial Intelligence)에 관한 행정 명령'을 발표하며 AI 혁신에 대한 포괄적인 내용을 다루었다. 이와 같이 미국 정부는 AI 개념을 정의하고 해당 분야에서 자국 경쟁력을 유지하기 위한 전략 및 거버넌스(governance)를 구성하는 데 집중하고 있다.

미국의 AI 정책은 거버넌스를 구성하고 기술 혁신을 달성하는 데 초점을 두고 있으나 위험에 대처하기 위한 규제 체계를 완전하게 구성했다고 보기는 어렵다(한국지능정보사회진흥원, 2024). 연방 정부는 주정부와 관련 기관들이 자세한 위험성에 대비하여 기민하게 규율할 수 있도록 위험에 대한 최소한의 내용만 규정했다. 따라서 향후 관련 논의가 더욱 주목되고 있다.

중국 또한 자국의 여러 빅테크 기업이 빠르게 성장하면서 디지털 경제에 주목하고 있다. 중국 정부는 AI 기술 시장에서 새로운 강자로 떠오르면서 관련 국가 정책을 논의하고 기준들을 도입하였다. 2022년 '인터넷 정보 서비스와 관련된 알고리즘 추천 관리 규정'을 발표한 중국 정부는 알고리즘 서비스를 규범화하고 국민, 법인, 기타 조직의 합법적인 권익을 보호하겠다는 목표를 제시하였다. 이러한 목표를 충족하기 위해서 중국 정부는 '네트워크 안전법', '데이터 안전법', '개인정보 보호법' 등을 제정하였는데 이러한 규범들은 중국에서 알고리즘의 법적 경계를 명확히 하고 보안을 보장하는 역할을 할 것으로 기대된다(이상우, 2022).

중국 정부의 규범들은 알고리즘 관리를 통해서 AI 산업을 발전시키는 데 궁극적인 목적이 있다. 중국 정부는 자국의 빅테크 산업과 관련 기업을 더욱 성장시키는 동시에 알고리즘을 직접적으로 규제하여 AI 규제를 위한 강력한 거버넌스 체계를 구축하는 데 집중한다.

한국의 AI 정책과 입법

AI에 관한 규제와 지원은 현재 주요 국가들의 큰 관심사가 되고 있다. EU, 미국, 중국 외에도 일본, 영국, 캐나다 등 여러 국가의 정부가 관련 정책을 도입하며 AI와 관련된 논의에 적극적으로 참여하고 있다. 이러한 분위기에서 국제 사회도 AI 활용이 가져올 여러 상황을 예측하고 규율하기 위한 공통 기준을 마련해야 한다는 의견이 확산되고 있다. 한국 사회와 정부도 최근 AI에 관련된 산업을 지원하기 위한 전략을 수립하고 문제점을 규제할 방법을 논의하면서 관련 기준을 마련하였다.

2020년 12월 과학기술정보통신부와 정보통신정책연구원은 '인공지능 윤리 기준'을 통하여 AI의 개발 및 활용 방안을 발표하였다. 2019년 경제협력개발기구 AI 권고안을 토대로 '인간성을 위한 AI(AI for Humanity)'라는 목표를 제시한 것이다(과학기술정보통신부, 2020).

이와 같은 일반 원칙을 바탕으로 2020년부터 국회에 여러 AI 관련 법안들이 제출되었다. 이러한 법안들은 AI 산업 육성과 신뢰할 수 있는 기반을 마련하는 것을 주요 내용으로 하며 한국 특성에 맞는 AI법 제정을 목표로 한다(이숙연, 2023). 윤리적인 AI 활용 기준이 마련된 상황에서 상대적으로 약한 부분으로 평가받고 있는 AI 기술의 개발 및 활용을 증진하고 지원하는 방안도 필요하였다. 발의된 법안들에 관한 논의 과정에서 의료 등 구체적인 영역에서 필요한 권리와 책무 등을 규제하는 내용이 추가되기도 하였다.

이러한 기존 발의 내용을 바탕으로 하여 2025년 1월 21일 'AI 발전과 신뢰 기반 조성 등에 관한 기본 법안(AI 기본법)'이 제정되었다. 2026년 1월에 시행되는 이 법은 전체 6개의 장과 43개의 조항으로 구성되어 있으며, AI

표 10-1. 한국 AI 기본법의 주요 구조

제1장	총칙
제2장	인공지능의 건전한 발전과 신뢰 기반 조성을 위한 추진체계
제3장	인공지능기술 개발 및 산업 육성
제4장	인공지능윤리 및 신뢰성 확보
제5장	보칙
제6장	벌칙

및 관련 산업의 진흥을 위한 국가 지원 체제 수립과 특정 AI 시스템에 대한 의무 부과 내용을 중심으로 하고 있다. 각 장의 개괄적인 구성은 표 10-1과 같다.

한국의 AI 기본법 제2장 규정에 따르면 AI에 관한 국가 차원의 거버넌스 정립을 위해 과학기술정보통신부는 3년마다 AI 기본 계획을 수립 및 시행할 수 있다. 또한 이 법은 산업 육성을 위한 R&D(Research and Development, 연구개발) 지원, 학습용 데이터 시책 수립 등을 위한 정부 지원 근거도 마련하였다(과학기술정보통신부, 2024). 제3장 규정들은 AI에 관련된 기술을 개발하고 산업을 육성하기 위한 지원 체계를 구체화하였다. 향후 이 법적 근거를 바탕으로 AI 산업과 관련 기업에 대한 정부 차원의 다양한 정책적 지원이 이루어지리라 예상할 수 있다.

제4장은 AI에 관련된 윤리적 문제를 규율하고 안전성과 신뢰성을 확보하기 위한 기준들을 설정하였다. 특히 이 법은 AI 규제와 관련하여 '고영향 인공지능'에 대한 내용을 집중적으로 규율하고자 하였다. 가장 핵심적인 규제 대상인 고영향 AI란 "사람의 생명, 신체의 안전 및 기본권에 중대한 영향을 미치거나 위험을 초래할 우려가 있는 AI 시스템"을 의미한다(제2조). 고영향 및 생성형 AI 사업자에게는 투명성 의무와 안전성 확보 의무를 부과하고 있다(제31조, 제32조).

EU AI법이 한국에 주는 시사점

한국은 AI 기본법을 제정하여 EU 다음 세계에서 두 번째로 AI에 대한 기본법을 제정한 국가가 되었다. AI 분야에 대한 사회적 관심과 함께 법 분야도 빠르게 대처한 결과라고 할 수 있다. 물론 이 기본법은 향후 AI 기술 발전과 관련 산업 변화에 따라서 국내외 논의가 진화하면서 개선될 것이다.

AI법 도입에 관련된 국내 논의에서 AI 규율을 설정한 다음, 고위험 영역에 대해 강화된 규율을 적용하는 형태가 주목받았다. 이는 유럽의 위험 기반 관리와 맥락을 같이 하는 형태로서 외국의 입법례가 중요한 참고 사항이 될 것이라는 평가가 존재하였다(김광수, 2023). 한국의 AI 기본법은 기본적으로 EU의 AI법과 같은 규율 체계를 가진다. 즉, 한국의 법은 특별히 위험한 AI 기술을 규정하고, 이에 대해 추가적인 의무를 부과하는 형태로 구성되어 있다.

그러나 AI의 규제 단계와 범위가 한국과 EU의 법에서 서로 다르다는 점도 주목할 필요가 있다. 이는 한국의 국내 상황이 반영된 결과로 해석되는데 한국에서 AI 기본법이 제정된 배경에는 부정적 현상에 대한 규율보다는 AI 산업 발전에 대한 촉진이 우선하였다. 따라서 법의 내용이 정부 지원을 통한 기술 발전, 활성화에 초점이 맞춰진 것이며 한국 사회도 국내 AI 기술과 산업의 성장에 주력하고 있다. 향후 한국의 AI 기본법이 EU가 추구하는 바와 같이 '윤리적인 AI 기술의 발전'을 추구하는 방향으로 진화할 것으로 기대한다.

참고문헌

과학기술정보통신부(2020). 과기정통부, 사람이 중심이 되는 「인공지능(AI) 윤리기준」 마련, https://eiec.kdi.re.kr/policy/materialView.do?num=208784

과학기술정보통신부(2024). 인공지능 산업 육성·규제 근거

마련…'AI기본법' 국회 통과,
https://www.korea.kr/news/policyNewsView.do?newsId=148937982
김광수(2023). 인공지능 알고리즘 규율을 위한 법제 동향-미국과 EU 인공지능법의 비교를 중심으로-. ≪행정법연구≫, 173~201쪽.
김법연(2023). 인공지능 통제수단으로서 주요국 규제 입법의 동향과 시사점. ≪유럽헌법연구≫, 253~307쪽.
이상우(2022). 중국 알고리즘 거버넌스에 관한 소고 -「인터넷 정보서비스 알고리즘 추천 관리 규정」을 중심으로-. ≪동북아법연구≫, 25~62쪽.
이숙연(2023). 인공지능 관련 규범 수립의 국내외 현황과 과제. ≪법조≫, 442~488쪽.
한국지능정보사회진흥원(2024). 『해외 주요국의 AI 규제 거버넌스 현황 및 시사점』. 한국지능정보사회진흥원.
Rességuier, A. & Rodrigues, R.(2020). AI ethics should not remain toothless! A call to bring back the teeth of ethics. *Big Data and Society, 7,* 1-5.

김봉철

한국외국어대학교 국제학부 교수다. 한국외국어대학교 법과대학을 졸업하고 같은 대학원에서 법학석사 이후 영국 외무부의 국외연구장학생(Overseas Research Scholarship) 자격으로 킹스칼리지런던에서 법학박사 학위를 취득했다. 한국외국어대학교 EU연구소 소장을 역임했으며, 현재 한국유럽학회회장과 HUFS Jean Monnet EU Centre 공동소장이다. 한국외국어대학교 발트연구센터와 극지연구센터의 센터장 업무도 수행하고 있다. 유럽, 동남아시아, 중남미, 북극과 남극 등 다양한 지역의 통상 및 협력 등 국제 관계에 관한 법제 연구를 수행하고 있다.